책과 함께
떠나는
세계여행

DUBAI · EGYPT

PROLOGUE

　세상에는 긍정적이면서 행복을 주는 단어가 많이 있습니다. 그중 대표적인 단어가 '여행'이 아닐까 싶습니다. 누구에게나 여행은 미지의 세계에 대한 호기심이고 설레는 소풍입니다. 여행의 시작은 저마다 다르겠지만, 필자의 경우에는 아주 어릴 적 달력 속의 신비한 나라였습니다. 그곳에 가고 싶어서 고사리 같은 발을 자꾸자꾸 디뎠던 것이 여행의 시작이었던 같습니다.

　중학교에 들어가면서부터 자연스럽게 책을 통해 간접 여행을 하게 되었는데 책을 읽을 때는 그 나라가 어디쯤 있을까 궁금해서 세계지도에 동그라미를 그리기 시작했습니다. 지도가 동그라미로 많이 채워졌을 때는 세계를 다 얻은 충만함으로 기뻤습니다. 그리고 성인이 되어 국어교사가 되었고, 35년 동안 학교에 근무하면서 수업시간에는 세계지도를 들고 수업에 임했습니다.

　공부 잘하는 비결은 지도에 있다고 학생들을 회유하면서, 책에 등장한 나라는 동그라미로 표시하게 하고, 자신들 방에 지도를 꼭 붙여놓으라고 당부하곤 했습니다.

　국어시간에는 학생들과 독서토론을 많이 하는데 교사들과 함께한 독서토론이 학생들에게 엄청난 파급효과를 주었습니다. 교사들이 같은 책을 들고 다니면 학생들은 어떤 내용인지 궁금해 하며 간단한 줄거리를 듣고 싶어 하고, 필자는 신이 나서 좀 더 재미나게 말해줍니다. 그러면 그 자리에서 그달의 독서토론 책은 결정되어 버립니다.

국어교과는 독서평가를 필수로 해야 하는데 교사로서는 강요하지 않고도 자연스럽게 학생들 스스로 결정하는 독서교육이 되니 어찌 기쁘지 않겠습니까? 속으로 쾌재를 부릅니다. 필자가 명예퇴직을 하고 3년이 지났지만, 학교에 재직하면서 12년 동안 이어졌던 교사들의 독서토론은 지금도 한 달에 한 번씩 시행되고 있습니다.

이렇게 교사, 학생들과 함께 읽고 토론한 책은 여행을 용솟음치게 합니다. 여행을 할 때 책을 통해 알게 된 장소를 현장에서 조우하는 기쁨은 말로 표현하기 힘든 설렘입니다. 여행하는 중에도 쉴 새 없이 필자가 읽었던 책들이 등 뒤에 와서 말을 건넵니다. 체코에 가면 《참을 수 없는 존재의 가벼움》의 토마시와 테라사가 말을 건네고, 베네치아에 가면 《신곡》의 단테와 베아뜨리체가 만난 베키오 다리에서 그들의 환영을 보며 한참을 서성거립니다. 그러다 주인공들이 서 있었을 장소를 상상하며 인증사진을 찍습니다. 여행이 끝난 후, 그 사진과 책의 내용을 학생들에게 소개해 주면 학생들의 집중도는 200퍼센트를 넘어섭니다.

여행을 할 때 그동안 읽었던 인문학, 과학, 신화, 성경 등 도움을 주지 않는 책이 없었지만, 자신의 상상력까지 덧붙일 수 있고, 재미까지 더하는 것은 소설이었습니다. 그래서 여행자로서 많은 책 중 하나를 선택하겠다고 하면 소설 한 권이라도 읽고 가라고 권하고 싶습니다.

인도에 갈 때는 《신도 버린 사람들》, 《한밤의 아이들》, 체코에는 《변신》, 《참을 수 없는 존재의 가벼움》, 아랍 나라에는 《연을 쫓는 아이》,

포르투갈에는 《리스본행 야간열차》, 《눈먼 자들의 도시》, 그리스에는 《그리스인 조르바》, 서유럽에는 《안네의 일기》, 《데미안》, 중국에는 《허삼관 매혈기》, 《개구리》 등등 너무 많은 책들이 도움이 되었는데, 《로마인 이야기》, 《그리스 로마 신화》, 《하룻밤에 읽는 성서》, 《창문 넘어 도망친 100세 노인》은 어느 나라 여행에든 꼭 필요한 책이었습니다.

필자는 3년 전에 위에서 말한 책들과 더불어 56편의 독서 감상을 《교사의 서평》이라는 제목으로 펴냈습니다. 참고해서 보면 많은 도움이 될 것 같습니다. 그리고 2021년에 《지구본 위에 칠판을 걸다》라는 제목으로 기행문을 출간했는데 이 여행기는 많은 나라에 대한 견문록이라서 소설의 주인공을 등장시키기에는 지면이 부족했습니다.

이번에 출간하는 《책과 함께 떠나는 세계여행 - 두바이, 이집트》에서는 《연금술사》와 《람세스》를 기본으로 13권의 책들이 여행지에 동행하기 때문에 책의 주인공들과 함께 풍성하고 재미있고 알찬 여행을 할 수 있을 것입니다. 독자 여러분들도 이 여정에 동참하여 책과 함께 떠나는 여행의 기쁨을 온몸으로 호흡하기를 기원합니다.

더불어 독서토론의 장을 만들어 책을 논리적으로 파악할 수 있는 힘을 갖게 했고, 그 책을 통한 여행이 따사로운 감사와 뭉클한 감동이 될 수 있도록 도움을 주신 선생님들(정신봉, 김용호, 이현아, 정상길, 이정관, 심웅택, 장향란)께 감사의 마음을 전합니다.

2025년 11월
최혜경 씀

CONTENTS

PROLOGUE 5

PART 1 두바이 보유국 아랍에미리트
- 전통이 살아 숨 쉬는 두바이의 구시가지 17
- 사막 위에 세워진 연금술 19
- 사막에서 베두인과 함께한 한 끼의 식사 23

PART 2 신화가 숨 쉬는 이집트
  1. 뭉게구름 아래의 시나이반도 32
  2. 신화의 도시. 수도 카이로 34
- 카이로 공항에서 34
- 카이로 시내에 들어서며 39
- 5,000년의 역사를 집대성한 고고학 박물관 43
  3. 나일강! 그리고 아스완 59
- 이집트는 나일강의 선물 59
- 아스완 댐 61
- 미완성 오벨리스크 64
- 이시스를 모시는 필레 신전 66
- 크루즈 여행 71
  4. 사랑의 찬미. 아부심벨 74
- 람세스 2세의 아부심벨 대신전 74
- 네페르타리의 소신전 82

5. 다시 아스완 87
— 악어와 호루스를 모시는 콤옴보 신전 87
6. 세트와 호루스의 최후의 대결 장소. 에드푸 93
— 호루스 신전인 에드푸 신전 93
7. 우리의 경주. 과거의 테베, 현재의 룩소르 97
— 멤논의 거상 100
— 왕비의 계곡. 네페르타리의 휘황찬란한 무덤 103
— 하트셉수트 장제전 108
— 왕가의 계곡 114
— 람세스 2세를 만난 카르나크 신전 119
— 조망으로 끝난 룩소르 신전과 시장 골목 134
8. 역사의 대왕. 이집트의 기자 137
— 세계의 불가사의. 기자의 피라미드 137
— 많은 이야깃거리가 있는 기자의 스핑크스 145
9. 아쉬운 알렉산드리아 150
10. 히에로글리프로 써본 내 이름 154

PART 1

두바이 보유국 아랍에미리트

 아랍에미리트에 간다. 생각만으로도 예열된 벅참에 가슴이 뛴다. 아랍에미리트의 두바이는 파울로 코엘료의 《연금술사》다. 코엘료는 스페인의 산티아고 길을 세상에서 가장 아름다운 길이라고 말한 적이 있다. 그 길이 좋아서 《연금술사》의 주인공 이름을 산티아고라고 정한 것 같다. 정말 재미있고 시사하는 바가 많은 소설이었다.
 책의 주인공 산티아고는 꿈을 이루기 위해 사막을 가로지르고 마침내 자아의 신화를 실현한다. 사막을 미래의 도시로, 꿈을 현실로 만든 두바이 국민들도 산티아고와 같은 연금술사다. 그 연금술을 보고 싶어 여기에 왔다.
 더불어, 사막의 쏟아지는 별들을 두 팔 벌려 맞이하고 싶었고, 베두인들의 삶속으로 들어가 그들과 함께 식사도 하고 싶었다. 희망이 있고, 기대가 있는 오늘, 벅차고 감사하다.

 밤 12시 15분에 인천공항을 출발하여 05시 50분에 아부다비 공항에 도착했다. 시차는 5시간. 만남과 이별이 이루어지는 공항의 모습은 어디나 한결같다. 꺼이꺼이 우는 소리가 들려 바라보니 헤어지는 게 아쉬운지 얼싸안고 흐느끼는 사람들이 있다. 여성들의 옷차림이 내가 아랍에 왔음을 실감 나게 한다.

아부다비 공항

공항에서 바로 시내로 들어가는 지하철은 무인으로 운영되기 때문에 앞뒤 칸에서 두바이 스카이라인을 볼 수 있고 여성 전용 칸도 준비되어 있다고 하는데 우리는 전용 버스를 타고 움직이기로 한다. 새벽의 사막은 아직은 어둑신한데 습관처럼 창밖을 기웃거린다. 눈앞에 보이는 모스크들이 이슬람의 나라에 왔음을 알려주고, 독특한 건축 양식은 세계 최첨단의 도시임을 말해준다.

　척박한 사막에 이런 최첨단 도시를 도대체 누가 어떻게 만들 생각을 했고, 어떻게 이루어낼 수 있었을까 궁금했는데 친절한 가이드가 내 맘을 알았는지 마이크를 잡고 설명해 준다.
　50여 년 전 두바이는 조용한 어촌 마을에 불과했는데 아랍에미리트에는 셰이크 모하메드(1949~)라는 창의적 리더가 있었다. UAE의 국왕인 모하메드는 홍콩과 싱가포르를 벤치마킹한 후, 전 세계에서 아이디어 뱅크 2천 명을 불러들여 그 누구도 상상할 수 없던 프로젝트를 추진하고 매력적인 투자정책으로 해외자본을 유치한 결과 두바이를 10여 년 만에 세계의 허브로 부상시켰다.
　아랍에미리트의 인구는 1천만 명 정도인데 그중 1백만 명 정도만 순수 UAE 국적이고, 나머지 9백만 명은 인도, 아프리카, 유럽, 아시아, 한국 등에서 온 사람들이라고 한다.

아부다비 시내 모스크

 창가로 스치는 아부다비 길거리가 한적하고 예쁘다. 한 남성이 여성 3명과 함께 거닐고 있는 모습이 평화롭게 보이는데 가이드는 일부다처제가 허용되는 나라라서 한 가족일 거라고 단언한다. 버스 안의 남자 일행들은 이민 와야겠다고 이구동성이다. 일행인 부인들은 제발 그러라고 등을 떠민다. 여행을 시작하자마자 버스 안은 호들갑스럽다.

 아부다비 여성들의 옷은 우리가 생각했던 전통 아랍 옷은 아닌 것 같다. 치마가 발끝까지 오지만 원피스처럼 허리에 벨트도 매었고, 히잡은 썼지만 얼굴은 모두 드러내었다. 이 여성들을 보니 와리스 디리의《사막의 꽃》과 할레드 호세이니의《천 개의 찬란한 태양》이 떠오른다. 이 책에서 보면 아랍에서 여성은 남성을 위해 존재할 뿐 그 이상 여성의 인격은 없다. 남성을 위해 성기를 사금파리로 자르고 꿰매다 죽으면 그 자리에 버리고, 살면 다행인 사회다.

좀 색다른 입장에서 말하고 있는 책이 있다. 우리나라 현경 작가가 쓴 《신의 정원에 핀 꽃들처럼》에서는 이슬람 여성해방론자들의 이야기를 기록하고 있는데 그들은 일부다처제 등 가족법은 개정되어야 하고, 종교와 국가는 분리되어야 한다고 주장하면서도 이슬람교에 대한 자긍심은 대단하단다. 그러나 이슬람 원리주의에 대한 시각은 여성해방론자의 입장도 각기 다르다는 것이다.

현재에도 매일같이 일어나는 이란의 히잡 시위를 생각하니 마음이 아리다. 이란은 1963년에 백색혁명으로 히잡을 금지했다가 1979년 호메이니에 의해 강력한 원리주의 나라가 되어서 현재는 히잡 미착용 시 징역형에 처한다고 한다. 아이쿠~. 튀르키예처럼 자율로 하면 안 되나~ 우리가 할 수 있는 일이 무엇인지 생각해 봐야 할 것 같다.

전통이 살아 숨 쉬는 두바이 구시가지

 우리는 패키지 버스를 타고 신시가지로 가서 두바이 국왕의 궁궐을 조망한다. 아랍에미리트의 국왕이 두바이에 사는지 궁금하던 차에 시원시원한 가이드는 열성적으로 설명을 잘해준다.
 아랍에미리트는 일곱 개의 부족국가가 연합하여 만든 나라인데 이 중 가장 큰 아부다비의 부족장이 국왕이고, 둘째인 두바이의 부족장이 부국왕인 셈이라고. 그러니 아랍에미리트의 국왕은 아부다비에서 살고, 여기 두바이 왕궁에는 두바이 부족장이 살고 있다는 이야기다.

 우리는 나룻배를 타고 구시가지로 간다. 나룻배에 동력을 단 수상택시를 아브라라 하는데 이 아브라를 타고 신시가지에서 바다를 가로질러 걸프만의 바닷물이 흘러 들어와 L자 모양으로 흐르는 구시가지로 간다. 걸프만? 1990년대 세계를 어둠으로 물들인 걸프전을 잊고 있었는데 이 강물이 걸프만의 줄기라니! 깜짝

수상택시

놀란 내 표정을 보고 아들은 그렇게 놀랄 일이냐며 내 표정을 묘사해 준다. 두 눈은 토끼눈 같고 입은 헤벌레 벌려 있다고.

얼마 전에 읽은 유시민의 《거꾸로 읽는 세계사》는 이해하기 어려웠던 걸프전을 간단명료하게 설명해 주었다. 1990년 8월 2일에 이라크의 사담 후세인은 미국의 지원을 받아 군비를 확충한 후에 쿠웨이트를 침공했다. 유엔에서 철수를 요구하자 미군이 공격하면 이스라엘을 없애버리겠다고 협박하며 아랍의 영웅이 되지만, 결국 연합군이 파병되어 이라크는 수천 명의 사망자를 내고 쿠웨이트의 유전은 차지하지도 못하고 국제적으로 고립되어 버린다.

석유의 바다로 불리는 부러운 걸프만, 그러면서도 석유 때문에 슬픈 걸프만을 뒤로 하고 구시가지로 가니 금보다 비싸다는 샤프론과 허브와 향신료로 가득한 바구니가 두바이의 전통을 느끼게 해준다. 신시가지의 첨단과학 도시 속을 조금 벗어나자 전통을 그대로 보존하고 있는 옛 시가지가 있다는 것도 흥미롭다.

구시가지

사막 위에 세워진 연금술

구시가지에서 아브라를 타고 다시 신도시로 나오니 부드러운 모래로 이루어진 주메이라 비치가 우리를 맞이한다. 해변가 바로 앞에는 돛단배 모양의 7성급 버즈 알 아랍 호텔이 버티고 있다. 이 호텔을 배경으로 인증샷을 찍는 것은 필수인가 보다. 우리 일행 모두모두 사진 찍기에 바쁘다. 이 호텔은 아라비아 전통 선박의 돛대 모양을 한 기하학적 건물로 전 객실이 스위트룸으로 구성되어 있으며 거실과 침실이 복층구조로 분리된 최초의 호텔이란다.

낮에는 하얀색으로 눈부시며 밤에는 무지갯빛의 놀라운 조명을 발산한다는데 그 화려한 야경을 보지 못하고 다음 행선지인 팜 주메이라라는 야자나무 모양의 인공섬으로 가기 위해 15m 지상 위에서 모노레일을 편도로 탄다.

드디어 연금술사의 첫 번째 작품인 두바이 최초의 인공섬을 만난다. 사진과 영상으로만 보던 팜 주메이라라고

주메이라 비치

부르는 이 야자섬을! 야자나무 모양의 인공섬인데 섬의 날개 하나하나가 얼마나 큰 면적이면 그 안에서 생활이 가능할까 궁금했었다. 이 야자섬은 튤립 모양의 세계 최고급 아틀란티스 호텔이 중심을 이루고, 야자수 잎 모양의 16개 섬이 주변을 감싸고 있는 형태다. 팜(palm)은 야자, 주메이라는 이 지역명이란다.

  항공에서 찍은 사진만 보고 작은 공원 같다고 생각한 건 큰 오산이었다. 총면적은 5.72㎢로 여의도의 약 2배 크기다. 팜 주메이라는 인류 역사상 가장 큰 규모의 해상 건설 프로젝트로 삼중 구조의 방파제를 외곽에 설치한 후에 토목공사를 실시했으며, 주요 자재로는 시멘트나 철이 아닌 모래와 바위가 쓰였다고 한다.

  인간의 위대함에 온몸에 전율을 느끼며 다시 팜 주메이라를 바라본다. 그래! 아랍에미리트의 국민이 진정한 연금술사였군. 그들에게 사막을 개발하라는 자아의 신화는 주어졌고, 의무를 다하는 그들의 의지가 우주를 움직였군.

팜 주메이라 안의 주택들

  《연금술사》에서 살렘 왕은 산티아고에게 말한다.

  "무언가를 바라는 마음은 곧 우주의 마음이지. 그것을 실현하는 게 자네의 임무라네. 자아의 신화를 이루어내는 것은 이 세상 사람들에게 부과된 의무지. 간절히 원할 때 온 우주는 소망이 실현되도록 도와준다네."

이제는 연금술사가 만들어낸 두 번째 결과물인 세계에서 가장 높은 버즈 칼리파다. 버즈 칼리파는 '두바이의 최고(탑)'라는 의미다. 두바이를 상징하는 랜드마크로 828m 162층 높이의 버즈 칼리파는 우리나라 삼성 물산의 작품이란다.

 유대인보다 영리한 우리나라 사람들은 세계 많은 곳에 연금술사로 이미 자리 잡았다. 예전에 튀르키예에 갔을 때도 다르다넬스 해협에 세계에서 가장 긴 현수교를 우리나라에서 건설했다는 얘기를 듣고 얼마나 우쭐했는지 모른다. 버즈 칼리파는 톰 크루즈 주연의 〈미션임파서블 4〉의 촬영지로 유명한 곳이기도 하다. 148층 탑 스카이라운지에 올라 360도 시내를 보는데, 사막에 이런 건물이라니! 팜 주메이라로 놀란 가슴 버즈 칼리파에 올라와 팔짝 뛰어 자빠진다.

버즈 칼리파 위에서 내려본 분수

 어찌 보면 팜 주메이라와 버즈 칼리파는 만물의 정기를 흔든, 자연의 순리를 거스른 작품이다. 그러나 《연금술사》에서 자아의 신화를 찾아가는 산티아고에게 연금술사는 말한다. '모든 것은 만물의 정기로 통하니 만물이 서로 도와야 한다'고. 태초에 세상의 모든 것은 하나인 먼지에서 출발했다. 그러니 도우면 가능하다는 이

PART 1. 두바이 보유국 아랍에미리트

야기다.

 산티아고는 자연의 순리를 이해하고, 해가 뜨고, 바람이 부는 적절한 때를 맞추어 해와 달과 친구가 되니 대화도 할 수 있게 되었고, 스스로가 바람으로 변할 수 있었다.

 두바이의 두 건축물도 아무 날에나 건설한 것이 아니라, 밀물일 때와 썰물일 때를 관측하면서 만물의 정기를 받아들였기에 인간에게 필요한 것들을 건설할 수 있었다고 나름 정리해 본다.

 1층으로 내려와 음악 분수쇼 광장을 배경으로 사진에 담아 본다. 세계 3대 분수 쇼 중 하나라고 한다. 한 번에 150m 높이의 물줄기가 만들어 내는 아름다운 두바이 분수 쇼지만 바쁘게 눈요기하다 보니 어느새 끝나버렸다. 아쉬움에 TV 프로그램인 〈꽃보다 할배〉의 할배들이 감상했던 장소를 찾아 우리도 할배들을 따라 두바이에 왔다는 인증사진을 찍어 본다.

 숙소로 돌아오는 길에 궁금증이 생겨 가이드에 물었더니 목소리 큰 가이드는 기회는 이때다 싶었는지 신나서 얘기한다. 건물이 거의 무채색인 것은 고온과 모래 폭풍 때문에 오래 견디지 못하니 건물에 색을 입히지 않는다는 것이다. 그리고 아랍 현지인이 두바이에 많지 않은 이유에 대한 설명은 씁쓸하다. 두바이 전체 인구의 9할 정도는 이곳에서 노동을 하고 있는 외노자인데 외국에서 온 외노자들은 세계 인구의 10퍼센트(UAE 국민)가 누릴 유토피아를 유지해 주기 위해 도시의 숨겨진 곳에서 고된 노동 속에 살아가고 있다고 한다.

사막에서 베두인과 함께한 한 끼의 식사

호텔에서 40분 달려서 레드 사막에 도착했다. 두바이 사막 보호지역은 허가받은 업체의 극소수 차량만 출입할 수 있는 통제구역이란다. 사막에 왔으니 사막투어는 당연하다. 나도 남들처럼 사막에서 찍은 사진을 간직하고 싶었다. 상남자 스타일의 아랍 기사는 모래 위에서 차가 잘 달릴 수 있도록 바퀴의 바람을 조절하더니 넘어질 듯 위태롭게 곡예 운전을 한다. 스릴 만점이지만, 무서워서 소리를 지르

사막투어

니 아랍 기사는 우리의 두려움을 즐기는지 낄낄 웃으며 더 요동치는 운행을 한다.

사막이라면 당연히 낙타를 타야 하는데, 사막에서 낙마 사고가 빈번하다는 이유로 우리 패키지에서 낙타투어는 사라졌다. 꼭 낙타를 타고 싶었는데… 너무 아쉽다. 그래도 남들 하는 거는 모두 따라 해본다. 점프도 해보고, 모래 썰매도 타보고, 지는 해를 마주하고 인증사진도 찍어본

다. TV에서나 보았던 곳에 지금, 현재, 내가 여기에 있음에 깜짝깜짝 놀란다.

사막투어

 사막투어가 끝나고, 사막 한 가운데에 있는 베두인 마을로 이동한다. 텔레비전에서 본 베두인 마을에 꼭 가고 싶었다. 그런데 내 눈앞에서 이 모든 일이 벌어지고 있다. 2월인데, 여기도 지금이 겨울인데, 우리의 초가을 날씨다. 사막의 밤은 엄청 춥다는데 밸리댄스와 불쇼의 열기가 있어서인지 참 따스하다.

 몇 년 전에 튀르키예를 여행하면서 그 나라의 생활 속으로 들어가 보기 위해 배우게 된 것이 밸리댄스였다. 처음에는 신체를 노출해야 하는 부담으로 머뭇거렸는데 배우다 보니 재미있었다. 공항에서 와엘 아저씨의 음악이 나를 사로잡더니 여기에서는 밸리댄스와 와엘 아저씨의 음악과 가득 찬 별들이 우리를 이 사막 안에 가두어 버린다.

베두인 마을

 밸리댄스의 흥겨움을 더 끌어올린 것은 별이었다. 살면서 이렇게나 많은 별들을 본 적이 없다. 세상의 별들이 모두 모여 있는 것 같다. 정말 은하수를 이룬 별들이 한꺼번에 쏟아질 것 같고, 이어서 별들의 쇼가 벌어질 것만 같다. 20여 년 전 TV를 통해 휘황찬란한 별들의 세계를 보여준 칼 세이건이 몇 년 전에는 《코스모스》라는 책을 펴냈다. 이 책에서 칼 세이건은 '지구상의 모든 해변에 있는 모래 알갱이를 다 합친 숫자보다 우주에 존재하는 별들의 숫자가 훨씬 많다'고 말했었는데 이제야 칼 세이건의 말을 믿을 수 있을 것 같다.

드디어 베두인들이 준비한 음식을 먹어본다. 하고 싶었던 것을 또 하나 이루었다. 여행객인 우리도, 외국인들도 모두가 하나의 원주민이다. 같이 목청껏 노래 부르는데 눈물이 난다. 별들의 축복 속에 하고 싶은 것을 해보는 이 호사로움을 누릴 수 있음에 감사할 뿐이다. 늦은 시간 두바이 호텔에 도착하여 여행의 첫날을 보낸다. 내일은 이집트다. 가슴 뛰는 설렘에 밤을 설칠 것 같다. 내일을 위해서 굿밤!

베두인 마을에서 식사

PART 2

신화가 숨 쉬는 이집트

소설 《람세스》를 만난 25년 전의 어느 날은 내 인생의 터닝 포인트가 된 날이었다. 흥미진진하여 며칠 밤을 지새우며 읽었지만 피곤함보다는 저자 크리스티앙 자크에 대해, 모세에 대해, 성서에 대해, 이집트 신들에 대해, 이집트라는 나라에 대해 자세히 알고 싶은 충동이 물밀듯이 밀려왔다.

《람세스》는 1990년대 말에 우리나라 독서계를 뒤흔든 소설이었다. 그러나 동화처럼 쉽게 쓰였고, 판타지성 요소가 강했기 때문인지 비판하는 사람들도 많았다. 그런데 이 책이 아니었으면 이집트의 문명은 세계인들 가슴에 깊게 파고들 수 없었을 것이다. 학창시절에 이집트의 피라미드와 스핑크스, 미라에 대해 익히 보고 배웠지만, 이집트의 찬란한 역사를 알기에는 역부족이었는데 《람세스》는 이집트의 우수한 문명에 대해 관심을 기울이고 공부할 수 있는 계기를 만들어 주었다.

크리스티앙 자크는 1947년 프랑스 파리에서 태어나 열세 살 때 《이집트 문명사》를 읽고 신혼여행도 이집트에 갔을 정도로 이집트에 푹 빠져 40년 동안 이집트를 연구했다고 한다.

크리스티앙 자크는 여행을 하는 내내 여행의 동반자가 되어 어깨너머로 말을 건네며 책의 서문에 쓴 내용을 상기시켜 주곤 했다. 서문에는 '물과 태양의 나라, 공정함과 정의와 아름다움이 의미를 가지고 있는 나

라. 그리고 그것들이 나날의 삶 속에서 구현되었던 나라. 죽음으로부터 생명이 다시 태어나고 생명과 불멸에 대한 사랑이 살아있는 자들의 가슴을 넉넉하고 기쁘게 만드는 나라. 람세스의 이집트는 그런 곳이었다.'라고 기록되어 있다.

어린 시절부터 이집트는 세계 어디에도 없는 너무나도 독특하고 매력적인 나라여서 교실 한 칸밖에 되지 않는 도서관에 올라가 이집트에 대한 책들을 찾으려 기웃거리기도 했었다. 어른이 되어 《람세스》를 읽고 더 깊이 있는 공부를 하면 할수록 이집트는 무척이나 가고 싶은 나라였다. 1995년 우리나라가 이집트와 수교를 했다 해도 이집트는 쉽게 갈 수 있는 나라는 아니었다. 아랍과 이스라엘의 끊임없는 전쟁에서 이집트는 아랍의 맹주였으며, 치안도 매우 위험한 상태였다.

신화 속에만 존재하는 나라. 현재 이집트라는 나라가 있음에도 어린 시절에 너무 크게 각인되어서인지 이 이집트가 그 이집트일까 의문을 가졌던 나라. 얼마나 가고 싶었던가! 이집트는 꿈속에서나 볼 수 있는 곳이었다. 2010년 아랍의 봄이 일어났을 때에야 현실 속에 존재하는 이집트를 직시한 것 같다.

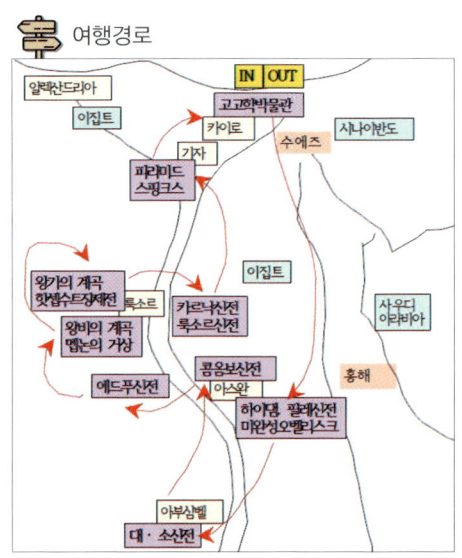

아직도 위험하다고 주변에서 말리지만 두근거리는 마

음 앞에는 어린 시절부터 읽었던 이집트에 관한 책들이 파노라마처럼 앞서간다. 그래서 무조건 출발한다. 피라미드도 보고 싶고, 아부심벨에도 가고 싶지만, 내 마음은 이미 카르나크를 향해 앞서가고 있다. 람세스 2세가 어린 시절부터 왕으로서의 담력과 자질을 키운 곳. 카르나크 신전에 도착하면 람세스 2세가 하얀 치마바지를 걸치고 우리를 기다리고 있을 것만 같다. 소설 《람세스》가 내 여행을 주도할 것이고 《연금술사》, 《역사》, 《이집트 신화》, 《역사의 역사》, 《영웅전》, 《로마인 이야기》, 《그리스 로마 신화》, 《사막의 꽃》, 《역사서설》, 《총 균 쇠》, 《파라오의 저주》, 《압록강은 흐른다》, 《코스모스》, 그리고 《오뒷세이아》도 내 여행에 계속 동행하게 될 것이다.

아랍에미리트부터 시작된 우리의 여정은 시나이반도를 시작으로 이집트의 서막은 열릴 것이며 카이로, 아스완, 아부심벨, 다시 아스완, 룩소르, 기자, 카이로 공항으로 돌아와 우리의 여행은 완결될 것이다.

뭉게구름 아래의 시나이반도

    아부다비 공항에서 09:35에 출발한 비행기는 아라비아 사막을 거쳐 2시간여 동안 비행을 한다. 한숨 자고 눈을 뜨니, TV 화면에 보이는 비행기는 시나이반도 가까이 있다. 깜짝 놀라 자리를 고쳐 앉아 구름 아래의 시나이반도를 내려다본다.

    이스라엘과 이집트 전쟁으로 영토권이 왔다 갔다 한 시나이반도가 여기란 말인가? 출애굽한 히브리인을 이끌고 모세가 가로질러 간 곳은 여기쯤이겠지? 내가 타고 있는 비행기 아래로는 모세의 기적이 일어난 홍해의 지류가 흐르고 있겠지? 그리고 《창문 넘어 도망친 100세 노인》에서 노인 일행이 죽게 한 트렁크 주인인 볼트가 이집트 선원에 의해 던져진 곳도 홍해의 이곳쯤일까를 생각하는 사이 카이로 공항에 도착하기 20분 전이라는 안내가 나온다. 그러면 여기는 피람세스 지역이 아닐까 하는 생각이 들자, 소설 《람세스》에서 새로운 수도 피람세스의 총책임자였던 모세가 떠오른다.

    사실 크리스트교 역사 어디에도 람세스의 이름이 나오지 않고, 이집트 역사에도 모세의 출현은 없다고 한다. 그런데 소설 《람세스》에서는 모세를 람세스 2세와 대학 캅에 같이 다닌 절친으로 묘사하였고, 모세가 아케나톤의 후계자 격인 오피르에게 현혹되어 히브리 백성을 데리고 출애굽하는 걸로 설정되어 있다.

또한 소설에서는 모세가 이집트에서 여러 가지 재앙을 일으키는 것도 야훼의 능력이 아니라 과학실험의 활용에 따라 승패가 엎치락뒤치락하는 걸로 되어 있고, 아케나톤이 아톤(태양)을 섬기는 유일신의 나라로 종교개혁을 실시하려다 실패하자 흑마술을 부리는 오피르라는 사람이 아케나톤의 유일신을 계승하려 한다고 설정했다.

이 소설을 읽다 보니 내 안에 많은 변화가 일어났다. 즉, 모세가 아케나톤의 영향을 받아서 히브리 민족에게 유일신을 심어주었을지도 모르겠다는 생각이 들었고, 신앙의 시발점에 대해 그리스·로마, 이집트, 인도, 중국의 신화들에 대해 찾아보고 공부하게 되었다.

신화의 도시. 수도 카이로

카이로 공항에서

  카이로! 가장 먼저 떠오르는 건 학창시절에 배운 카이로 회담이다. 1943년 미국(루스벨트), 영국(처칠), 중화민국(장제스)의 수뇌들이 모여 우리의 독립을 보장한 선언으로 시험 문제의 단골손님이었다. 실상은 일본에 대한 압력이 주를 이루었고, 우리나라는 특별조항의 하나로 넣었을 뿐인데, 우리는 감사해하며 열심히 외웠었다. 어쨌건 감사한 건 맞다. 드디어 카이로에 발을 디딘다.

  신화의 나라이면서 현재는 이슬람의 나라. 나의 첫눈에 보이는 이집트는 현재일까 과거일까를 상상하며 공항에 들어선 나에게 공항의 벽화는 신화의 나라 이집트에 왔음을 알려준다. 고대 이집트 무희

카이로 공항 벽화

들의 벽화가 우리를 가장 먼저 반기고, 뒤이어 피라미드, 아부심벨 등의 벽화가 어서 오라고 손짓한다.

동시에 히잡을 쓰고 분주히 일하는 이집트 사람들과 공항에 흐르는 음악이 이슬람의 나라에 왔음을 알려준다. 벨리댄스를 배울 때, 아랍 영화를 볼 때 즐겨 나오던 음악이 공항을 메운다. 끈적끈적하고 묘한 분위기가 좋아 이끌렸던 음악! 벨리댄스 선생님이 와엘 아저씨의 곡이라고 자주 말해주던 노래를 들으니 이집트가 더더욱 친근하게 다가오며 나도 모르게 '아싸비아'를 외친다.

이시스 여신

아싸비아 정신을 외쳤던 이집트의 학자가 있었다. 《역사서설》이라는 세계 최초의 인류사를 쓴 이븐 할둔(1332~1406). 이 책을 직접 읽지 않았지만, 유시민 님이 《역사의 역사》에서 쉽고 정확하게 정리해 주어서 이븐 할둔의 책을 보지 않고도 모두 이해할 수 있었다. 힘을 모을 때, 파이팅을 외칠 때 쓰던 아싸비아가 이븐 할둔의 이론이란다.

이븐 할둔은 '왜 지역마다 문명의 발달에 차이가 있고, 문명의 발달 지역에서도 흥망성쇠가 일어나는지'에 대해 의문을 갖고 세계를 일곱 기후대로 나누어 환경과 문명의 관계로 역사를 서술했다. 그 책이 《역사서설》이며, 이븐할둔이 찾아낸 답은 '아싸비아'였다. 역사의 패턴은 아싸비아로 뭉쳐진 부족이 나라를 건설하지만, 사치와 안정을 추구하는 속성 때문에 120년 정도 권력을 잡다가 다시 아싸비아로 뭉쳐진 부족에게 나라를 빼앗긴다는 이론이다.

　14세기에 쓰인 《역사서설》은 19세기에 세계의 인정을 받기 시작하여 토인비의 이론에 많은 영향을 주었다고 한다. 토인비는 인종설과 환경설은 모두 배척하고 '도전과 응전'에 의해 인류사는 반복된다고 했다. 이븐 할둔의 아싸비아 정신과 맥을 같이 한다고 볼 수 있다.

　최근에 나온 제레미 다이아몬드 《총 균 쇠》도 인류사에 대해 말하고 있다. 이 책은 인류의 발전은 생물학적 차이가 아니라 환경의 차이에서 온다는 것. 좋은 환경을 만난 서양인들은 한마디로 운이 좋았다는 이야기다.

　14세기면 서양 이론에 동양, 그것도 이슬람 이론이 발도 디디기 어려웠을 텐데 이븐 할둔은 아프리카 땅 위에서 인류사에 대해 최초로 역사를 썼다. 《역사서설》은 우리말로 번역한 이름이고, 이븐 할둔이 쓴 책의 원제목은 이슬람 용어 '무깟디마'라고 한다. 그런데 이슬람 세계의 압박 때문이었는지, 할둔이 독실한 이슬람 신자였는지 모르지만, 인류사를 쓰면서 중간에 알라신께 감사를 드린다는 내용을 자주 기록한 점을 유시민 님은 아쉬움으로 꼽았다.

　이집트는 고대 유적 말고도 이븐 할둔 보유국이다. 이렇게 위대하고 멋진 이븐 할둔은 사람들에게 너무도 생소할 것이다. 이집트 국민들은 얼마나 이분에 대해 알고 있을까? 국가 차원에서 이븐 할둔의 책은 세계에 홍보도 하고 국가가 먼저 나서서 그분의 가치를 존중해 주어야 할 것 같다.

　이집트에 대해 잠시 살펴보자면 면적은 남한의 약 10배이고 인구는 1억 1천만가량이고, 사막의 기후지만 건조하기 때문에 아라비아반도의 사막에 비해서는 따뜻하고 쾌적한 날씨다.

　종교는 이슬람 수니파가 90%, 기독교는 10% 정도다. 이슬람교는 크게 수니파와 시아파로 나뉘는데 두 파로 나뉘게 된 것은 이슬람교의 창시자 무함마드 사후(632년)에 생겼는데 수니파는 계승자를 연장자 중에서 현명한 자로 선출하자는 방식이고, 시아파는 무함마드의 혈통을 중시해서 그의 후손이 계승자가 되어야 한다는 입장이다. 수니파의 종주국은 사우디아라비아이고, 시아파의 종주국은 이란이다. 여기서 수니파와 시아파를 구분한 방법을 소개해 보겠다. 학창시절에 두 파를 구분하기가 어려워 시아파는 혈통, 즉 씨앗을 중시하니 '싸앗-시아파'로 기억했더니 잊혀지지 않았다.

　근현대에 들어와서 두 파의 갈등이 심화된 이유는 2차대전을 전후로 사우디를 비롯한 수니파 국가들은 연합국의 도움으로 권력을 잡았고, 이란은 온전한 이슬람 국가로의 지향을 내세웠다. 결정적인 사건은 호메이니가 1979년 친미 정권인 팔레비 왕정을 이란에서 몰아내고 이슬람 정권을 세운 일이었다. 지금 호메이니는 죽었지만 아직까지도 아랍에는 복잡한 역사가 흐르고 있다.

　이집트는 고대 유적을 통한 관광 수입으로만 사는 경제적으로 매우 어려운 나라라고 생각했는데, 수에즈 운하를 통한 통관료도 많이 받고 있고, 원유매장량도 전 세계의 0.5% 수준이며, 천연가스 수출은 세계 6위이고, GDP는 세계 42위다. 그러나 빈부격차가 너무 심하고, 원유의 품질은 나빠서 경제적 가치가 크지는 않고, 출산율은 지나치게 높고, 국민 1인당 GDP는 너무 낮아서 일반 국민들의 삶은 암울한 수준이라고 한다.

　그래서 일반 서민들은 대부분 나일강가에서 농사를 짓거나 고대 유적지에서 생계형 관광업과 서비스업을 한다. 조상들의 유물이 국민들을 먹여 살려주는 원동력이 되니 고대 이집트인들의 숨결은 쉼 없이, 앞으로도 계속, 이집트 국민들의 가슴 속에 살아 숨 쉬고 있을 것이다. 크리스티앙 자크의 《람세스》 서문이 떠오른다. '생명과 불멸에 대한 사랑이 살아있는 자들의 가슴을 넉넉하고 기쁘게 만드는 나라.'

카이로 시내에 들어서며

　신화의 나라가 맞다. 우리는 5,000년의 역사를 집대성한 고고학 박물관으로 간다. 이집트에 관한 책은 어린 시절부터 많이 읽었지만, 숨 막히도록 재미나게 읽은 소설《람세스》는 이집트에 오게 하는 원동력이었다. 이곳에서 람세스는 자신의 손때가 묻은 곳곳으로 나를 인도해 줄 것 같아 벌써부터 두근거린다.

　공항에서 카이로 시내로 들어서자 먼지가 너무 많아 도시가 희뿌연 해 보인다. 도시의 매연과 사막 기후의 먼지가 뒤엉켜서인지 수도라는 느낌이 들지 않는다. 3년 전에 다녀온 인도(India)의 더럽고 비위생적인 길거리가 연상된다. 세계 경제 42위라는 나라의 수도인데… 고개를 갸우뚱하게 만든다.

　카이로는 구시가지와 신시가지로 나뉜다는데 이것도 인도와 흡사하다. 인도도 길 하나를 두고 델리는 이슬람들이 사는 움막집들이 있었고, 뉴델리는 유럽식 건물이 화려했었다.

　카이로의 구시가지에는 많은 모스크들이 남북으로 자리하고 있으며, 세계에서 가장 오래된 대학이 있는데, 이 학교는 무슬림들에게 막대한 영향력을 끼치고 있다. 또한, 이슬람 사원이 많아 유럽인들은 카이로를 '1,000개의 미나렛을 가진 도시'라고 부른다고 한다.

　카이로 구시가지를 지나 외곽으로 가면 '무덤 위의 도시'라고 불리는 곳이 있는데, 이곳은 무덤 위에 지어진 움막으로 지붕이 없단다. 이슬람교의 관점에서는 무덤 위에 앉는 것마저도 금기로 되어 있기 때문에 무덤 위에 집을 짓고 산다는 것은 용서받을 수 없는 죄임에도 그들은 살기 위해서 이곳에 살지만, 일반 주거지와 똑같이 전기와 TV도 있다고 한다. 이 움막에 사는 사람들이 100만 명이 넘고 이곳이 범죄가 창궐하는 온상이라니 온몸이 오싹해진다.

  신시가지는 이집트 최후의 왕조인 무함마드 알리 시대에 건설하기 시작했으며 중심가에는 타흐리르 광장과 우리가 가고 있는 고고학 박물관 등이 있다. 무질서가 질서라는 카이로 시내. 말 그대로 질서라곤 찾아볼 수 없다. 신호등 하나 없는 길을 사람도, 마차도 잘도 건넌다.

  그런데 카이로는 언제부터 이집트의 수도였을까. 고왕국 시대에는 멤피스, 중왕국에는 룩소르(테베), 신왕국 말에 다시 멤피스. 기원전 4세기 알렉산드로스 대왕부터 로마 시대까지 알렉산드리아. 642년 이슬람 세력이 들어오면서 현재까지 1,400년 동안 카이로가 이집트의 수도다.

  시내 한복판에 있는 높다란 성벽은 로마의 속국이었음을 알려준다. 이 성벽을 보니 시오노 나나미의 《로마인 이야기》가 떠오르고 클레오파트라 역을 맡았던 단발머리의 엘리자베스 테일러도 눈에 아른거린다.

  박물관으로 가는 길목 길목에는 람세스 2세가 우리를 인도한다. 눈만 돌리면 람세

성벽

스 2세가 있는데 소설《람세스》에서 람세스를 영웅화시켜서였는지 나에게는 백마 탄 왕자님처럼 반갑고 멋진 남자다. 거리의 곳곳에 세워져 있는 람세스 2세의 석상(石像)과 휘날리는 람세스 2세의 현수막이 '이집트 = 람세스 2세'라는 인식을 심어주기에 충분하다. 그만큼 이집트를 먹여 살리는 1등 공신이 람세스 2세라는 이야기다.

이집트 민주화운동이 일어난 타흐리르 광장을 지난다. 우리 한국인에게 친숙한 타흐리르 광장. 2011년 아랍의 봄 당시에 민주화를 촉구하는 시위의 핵심 무대인 타흐리르 광장은 매일 밤 우리나라 TV의 메인뉴스에 등장하곤 했었다. 이집트 민주주의 격변의 순간을 함께한 타흐리르 광장. 국민이 주인인 세상을 찾기 위해 몸부림쳤던 서울의 봄(1979~1980)은 이집트인에게도 많은 교훈이 되었을 것이다. 그리고 이미 그전 1919년에도 우리의 3.1운동과 동시다발적으로 타흐리르 광장에서 영국의 식민 통치에 저항해서 일어난 민족해방운동이 있었다.

바로 옆에 고고학 박물관이 보인다. 피라미드 옆에 일본의 자본으로 축구장 14개 크기의 세계에서 가장 거대한 이집트 대박물관이 완성되고 있지만, 아직은 카이로의 고고학 박물관이 수많은 유물이 소장된 소중한 공간이다. 파라오의 미라 등 25만 점이 넘는 유물이 보관되어 있고, 이집트 5,000년의 역사를 집대성한 고고학 박물관이 우리의 첫 여행지다.

약 2,600년 동안, 다른 나라의 지배를 받아온 이집트 박물관에는 어떤 역사가 있을까? 세계에서 가장 오래된 상형문자인 히에로글리프가 있는 나라이고, 기원전 2,500년경에 피라미드를 만든 문명국이다.

이집트의 역사는 크게 기원전 3150년 고대 이집트가 시작되고, 기원전 525년에 페르시아에 점령당했다가 기원전 332년 알렉산드로스의 침입으로 그리스 문명인 헬레니즘 문명권에 있었다. 그리스가 망하자, 기원전 30년에 로마제국의 속국이 되었고, 640년에 이슬람에 정복되었다. 그리고 1517년 오스만 제국의 지배를 받았고, 1798년 나폴레옹의 침략으로 프랑스의 간섭하에 있다가 1801년 다시 오스만의 속국이 되었다가 수에즈 운하를 건설하면서 1869년경에 재력이 풍부한 영국의 영향권에 들어가게 된다. 그리고 2차 세계대전 후인 1952년에 드디어 외세에서 독립하여 2,600년 만에 본토 출신의 통치자가 나온다.

무혈 군사쿠데타를 일으켜 왕정을 폐지하고 공화국을 수립하고 시나이반도를 빼앗겼다 되찾은 주인공이 바로 나세르 이집트 대통령이다. 나세르는 아랍인의 단결을 외치며 아랍 연방공화국을 세워 이스라엘과 두 차례의 전쟁을 치르면서 아랍 세계의 구심점 역할을 했다.

2,600년 중 절반인 1,300년을 이슬람 영향권(640~1952)에 있었기 때문에 현재의 종교는 자연스럽게 이슬람교가 된 것으로 보인다.

5,000년의 역사를 집대성한 고고학 박물관

　이집트에 온 이유가 여기에 있다. 여기에서 람세스 2세의 실물을 만나고 투탕카멘을 만날 수 있기 때문이다. 정말 오고 싶은 곳이었기에 가슴 뛰는 반가움이 있을 줄 알았는데 슬픔과 아련함 속에 먹먹함이 오는 이유는 뭘까? 묘한 감정을 안고 버스에서 내리니 고고학 박물관 입구에서 스핑크스와 작은 오벨리스크가 우리를 반긴다.

　조그맣게 앉아 있는 스핑크스를 보니 이집트 신화보다 먼저 읽은 그리스·로마 신화가 떠오른다. 그리스 신화에 스핑크스가 있고, 이집트 신화에도 스핑크스가 있다. 모든 나라의 신화는 비슷해서 뿌리를 같이 하고 있다는 생각이 든다. 더불어 그리스와 이집트는 지역적으로도 가깝고 이집트는 그리스의 지배를 400년 동안 받았으니, 문화의 교류는 많았을 것이다.

　그리고 오벨리스크는 이집트의 상징이다. 이집트 신전 입구에 대체로 쌍으로 새워졌다. 자르지 않은 하나의 돌로 바닥면은 사각형이고 위로 갈수록 가늘어져 끝은 피라미드 모양이다. 태양신 숭배와 왕권 과시의 상징으로 파라오의 업적과 신화를 새겼다 한다. 그런데 어찌 된 일인지 강대국에는 이집트의 오벨리스크가 있다. 명목은 선물로 받았다는데 실상은 빼앗아 간 건 아닐까?

　탑문처럼 생긴 정문 한가운데에 행복의 여신 하토르상이 있다. 이집트 신화에서 보면 어머니 신(神)은 이시스신과 하토르신이다. 이집트 창조의 신인 오시리스와 아내 이시스는 아들 호루스를 낳았다. 호루스의 부인이 하토르신이다. 여신의 대표는 이시스신일 텐데 왜 하토르신일까 잠시 궁금했는데 행복과 미의 여신을 세우고 싶었던 것 같다. 하토르신은 그리스의 아프로디테, 로마의 비너스에 해당하기 때문이다.

 정문의 왼편에는 프톨레마이오스 마지막 황제로서 천하를 뒤흔든 클레오파트라가 서 있고, 오른편에는 왕국을 전성기로 만든 프톨레마이오스 3세의 동상이 있다.

 로제타스톤이 여기에 있다. 반가운 마음에 앞서서 걸음을 재촉한다. 1층에 들어서니 바로 앞에 고대 이집트 그림문자 히에로글리프 해독의 열쇠가 된 로제타스톤이 있다. 2년 전에 영국대영박물관에서 본 로제타스

고고학 박물관

톤의 복제품이다. 로제타스톤에는 프톨레마이오스 5세의 공덕을 찬양하고 전국에 파라오의 석상과 사당을 세운다는 〈멤피스 법령〉이 기록되어 있다.

  19세기 말 프랑스 군사가 이집트의 로제타 지역에서 글씨가 새겨진 커다란 돌판 하나를 찾아냈다. 화강암으로 되어 있는 이 돌판에는 신성문자, 민중문자, 고대 그리스어 세 가지 문자로 새겨져 있었다. 신성문자와 민중문자로 쓰인 건 바로 이해되었지만, 고대 그리스어로는 왜 썼을까 하고 궁금해 하던 찰나에 이해되었다. 당시 이집트는 그리스 속국으로 그리스 출신 프톨레마이오스 왕족이 다스리고 있었기 때문이었다.

  로제타스톤은 이집트를 점령한 나폴레옹 군대에 의해 발견되어 처음에는 나폴레옹의 소유가 되지만 나폴레옹이 영국에 패하면서 영국이 차지하게 된다. 그래서 대영박물관에 있는 것이 진품이란다. 이럴 수가. 이집트에서 진품을 돌려달라고 영국에 지속적으로 요구하고 있지만 영국은 아직도 미적거리고 있단다. 씁쓸하지만 역사는 승자의 몫이라는 걸 다시금 느낀다.

  영국 대영박물관 1층에 로제타스톤의 가품이 진열되어 있다. 진품을 보는 사람이 너무 많아 제대로 볼 수가 없으니 가품을 만들어 놓은 것이다. 가품 앞에서 가이드가 로제타스톤에 대해 설명을 해줄 때, 나는 너무 반가워서 가품이지만 여기저기 쓰다듬기를 반복했었다. 진품은

로제타스톤

1층 정면

유리관 안에 고이 모셔져 있어 눈요기만 해야 했다.

바로 옆에는 로제타스톤을 해독하여 로제타스톤의 가치를 높여준 샹폴리옹 흉상이 있다. 이렇게 고마운 샹폴리옹이 왕들의 계곡에 있는 세티 1세 무덤을 통째로 부수고 벽화를 뜯어내어 이탈리아 학자와 나누어 가졌단다. 이 벽화들은 현재 '거울에 비친 모습'이라는 이름으로 루브르와 이탈리아 토리노 박물관에 소장되었다니 이런 아이러니가 또 있을까.

이집트의 고미술품이 함부로 해외에 반출되자 프랑스 고고학자 오거스트는 19세기 초에 카이로 교외에 박물관을 세웠고, 1902년에 이집트 정부에서 현재의 자리로 옮겼다 한다. 샹폴리옹과 비교하니 엄청 감사한 오거스트다.

1, 2층으로 구성되어 있는 박물관에는 107개의 전시실이 있고 1층은 연대별로 왕조의 거대한 조각상이 전시되어 있다. 2층에는 투탕카멘 부장품과 람세스 2세 및 역대 파라오의 미라를 모아놓은 관들이 있다. 박물관 벽에 풍뎅이 조각상이 있는데, 고대 이집트인들이 풍뎅이를 신성시해서 박물관 로고를 풍뎅이로 정했다고 한다.

아멘호테프 3세 부부

나르메르 석판

　1층 정면으로 멤논의 거상으로 유명한 아멘호테프 3세와 왕비 티예의 좌상이 있다. 이집트= 람세스 2세로 각인된 나는 박물관 한 가운데에 람세스 2세가 없음에 갸우뚱하다가 영국 박물관에서도 아멘호테프 3세의 두상이 이집트관을 대표하고 있었던 걸 기억한다. 이집트를 가장 번영되고 부강한 나라로 만든 왕이었다는 걸. 아멘호테프 3세는 우리에게 익숙한 아케나톤의 아버지로 신왕국 18왕조의 9대 왕이었다.

　다음으로는 기원전 3,000년 전 상하 이집트를 통일한 나르메르왕에 대한 축하를 표현한 석판이 있다. 상 이집트의 왕 나르메르가 호루스로 변신해서 포로가 된 하 이집트인을 잡고 있는 판본이다.

　그 뒤로는 피라미드를 최초로 만든 이집트의 유명한 재상 임호텝이 보필한 조세르왕의 좌상이 있고 옆으로는 기자 피라미드의 주인공 카푸레왕이 흑갈색의 좌상으로 있다. 또 옆에는 그의 아들 멘카우레왕과 두 여신의 입체상이 흑갈색으로 서 있다. 피라미드의 으뜸은 쿠푸왕인데 그의 석상은 없으니 궁금하다.

서기관

　다음으로 양반다리를 하고 앉아 있는 서기관의 좌상이 있는데 여기에 서기관을 배치했다는 것은 고대 이집트에서 서기관의 역할은 단순한 기록자가 아닌, 사회 전반의 질서를 유지하던 중추적인 인물이었다고 한다. 나일강 홍수의 측정이나 피라미드 건설 등은 서

기관들이 없었다면 불가능했을 것이다. 파피루스를 펼치고 무언가를 응시하는 눈빛이 너무나 사실적으로 표현되어 인상 깊다.

투트모세 3세의 조각상도 보인다. 투트모세 3세는 하트셉수트 여왕의 아들로 유명하다. 2살 때부터 파라오의 자리에 올랐기 때문에 엄마인 하트셉수트가 섭정을 했다. 내가 기억한 투트모세 3세는 엄마가 죽고 난 후에 하트셉수트가 이룩한 모든 것을 지우려 한 속 좁은 왕이었는데 여기에 와서 영토를 확장한 이집트의 영웅이라는 걸 알게 되었다. 이집트에서는 그를 가장 위대한 정복자 또는 이집트의 나폴레옹이라고 불린다고 한다.

장제 신전을 만든 하트셉수트 여왕의 석상은 가슴 위와 무릎 아래만 있고 중간의 몸통은 없는데, 얼굴선이나 입술 오똑한 코, 눈매를 볼 때 상당한 미인이다. 아들 투트모세 3세와 공동 통치하며 아프리카 동부와 무역을 통해 이집트의 경제를 급성장시켜 무역의 여왕이라는 호칭을 받았지만, 파라오로서 인정받기 위해 수염을 붙이고 남성 복장을 하고 다녔다고 한다.

옆에는 세계 최초 일신교인 태양신을 숭배한 아멘호테프 4세가 있다. 아멘호테프 4세 = 아케나톤. 이집트 왕가에서 가장 화려하고 특별한 가족 관계인 집. 우리에게 많이 알려진 투탕카멘의 아버지고, 이집트 3대 미녀인 네페르티티는

하트셉수트

그의 부인이며 여동생이다. 3,300년 전에 이미 종교개혁과 노예해방으로 이집트 사회를 개혁하려 했지만, 실패하여 이집트 역사상 최악의 이단자로 낙인찍힌 아케나톤은 평화주의자였다. 평민을 위한 집을 짓게 하고 집안에 난로, 화장실을 만들게 한 최초의 파라오였다.

다신교였던 이집트를 아톤(태양)만 섬기는 일신교인 나라로 변화시키지만, 귀족과 신관들의 반대에 결국 독배를 마시고 쓸쓸한 종말을 맞이한다. 기원전 14세기에 종교개혁을 시도한 아케나톤은 자신의 이름도 아멘호테프 4세에서 아케나톤(태양을 섬기는 자)으로 바꾼다.

아케나톤

아케나톤이 죽은 후 그의 아들 투탕카멘은 아문 중심의 다신교를 다시 부활시킨다. 아케나톤은 배와 허리가 불룩 나와 여성인지 남성인지 알아보기 어려운 모습으로 표현되어 있다. 고대 이집트 미술에서 전무후무한 조각상이라 한다. 이 조각상은 다음의 우리 행선지가 될 카르나크 신전에서 발굴되었다.

바로 옆에 태양에서 쏟아지는 빛을 받는 아케나톤의 모습을 담은 커다란 부조판이 화려하고 밝아서 눈길을 끈다. 이는 태양신으

아케나톤 부조

로부터 백성을 구하고, 생명을 얻으려는 아케나톤의 노력이라고 해석되고 있다.

아케나톤에 대해서는 많은 이야기가 있는데 한 자료에 의하면 아케나톤이 유일신으로 종교를 개혁하고자 한 것은 왕권을 더 강화시키기 위한 욕심이었다고 한다. 반대를 이겨내지 못하고 독배를 마시며 죽어간 것은 자기 발등을 자기가 찍었다는 것이다.

이쯤에서 신왕국 18왕조 파라오에 대해 간단히 표로 만들어 보겠다.

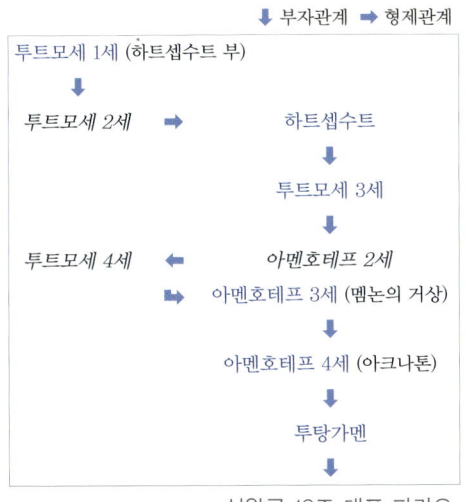

신왕국 18조 대표 파라오

2층으로 오르려니 박물관에 들어오기 전에 가이드가 의미심장하게 한 말이 생각난다. 투탕카멘의 황금마스크를 보고 파라오의 저주를 받아 죽은 사람이 21명이나 된다고. 지금도 여전히 많은 사람들이 황금 마스크를 보고 죽어가고 있다고. 개구쟁이 가이드의 말에 '그렇게나 많이 죽었다고요? 지금도 죽어간다고요?' 하며 무서움에 떠는 척 가이드의 장난을 맞춰주는 우리 일행들이 여행을 흥겹게 한다.

  1920년대에 고고학계를 떠들썩하게 만든 사건이 있었다. 고대 이집트의 소년왕 투탕카멘의 무덤을 발굴한 탐사대원들이 연이어 죽어간다는 것이었다. 이 사건은 곧 '파라오의 저주'로 불리며 수많은 괴담과 미스터리를 낳았다. 하지만 1922년 투탕카멘 무덤 발굴에 참여한 사람이 크게는 2만 명 정도였다고 하니 21명 죽은 것은 저주와는 아무 상관 없는 일인 것이다. '파라오의 저주'에 대한 이야기는 만화, 영화, 시리즈물 등으로 많은 사람들에게 소개되었다.

  예전에 학교 도서관에서 소설인 줄 알고 가볍게 읽으려고 집어 들었던 이종호 님의 《파라오의 저주》가 기억난다. 이 책의 제목이 '파라오의 저주'라서 내용도 괴기스럽고 미스터리한 이야기일 거라 생각하며 읽기 시작했지만, 책장이 넘어갈수록 집중력은 고조되었다. 저자는 흥미 유발의 방법으로 항간에 떠돌던 말을 제목으로 설정하면서 고대 이집트 과학, 이집트인의 세계관 등 문명의 역사를 과학으로 밝힌 책이었다.

  그리고 이 책에서는 투탕카멘의 아내 이름을 앙크에스엔아멘이라고 칭했는데, 보통은 안케세나멘, 아낙수나문으로 불리고 있다. 내게는 아낙수나문이라고 기억되어서인지 아낙수나문이 입에 더 잘 붙는다.

  드디어 2층에 오르니 투탕카멘의 무덤 속에 부장되었던 수많은 황금 유물

투탕카멘 카

들이 두 눈을 휘둥그러지게 한다. 박물관에 와야 할 이유 중 하나가 바로 투탕카멘의 유물들 때문이라는데 박물관 절반을 차지하고 있다.

먼저 투탕카멘의 수호상이 우리를 맞이한다. 왕가의 계곡에서 투탕카멘의 무덤 앞을 지키던 수호신으로 '투탕카멘의 카(Ka)상'이라고 한다. 죽은 사람의 모습을 한 입상을 Ka라 하는데 무덤이 파괴되거나 없어질 경우를 대비해서 무덤 입구에 2개의 입상을 세워두었다. 얼굴을 검게 채색한 것은 비옥함을 선사해 준 나일강의 진흙을 상징한 것이라고도 하며, 검은색인 오시리스 신과 동격화하기 위해서라고도 한다.

옆에는 망자를 사후의 세계로 인도하는 자칼인 아누비스신이 지키고 있다. 개의 머리에 남자의 몸을 한 자칼은 시체를 먹는 청소 동물로 알려져 있다. 자칼의 임무는 죽은 자의 심장을 진리의 저울에 달아 그 사람이 다시 영생할 수 있는가를 측정하는 일이다. 불교의 지장 보살도에도 개가 나타나는 것을 보면 종교와 신화는 통하나 보다.

투탕카멘의 황금의자가 독특하고 멋스러워 주의를 끈다. 의자 양쪽 다리의 역할은 사자의 몸통이 하고 있고, 상·하 이집트관을 쓴 이시스 여신이 날개를 펴고 있는 모습은 의자 손잡이 부분을 이루고 있으며, 의자의 등판은 왕비 아낙수나문이 투탕카멘의 어깨에 향유를 발라주는 모습이 조각되

황금의자

어 있다. 온통 황금으로 빛나고 엄청 화려하고 아름다워서 시선은 저절로 황금의자에 머물게 된다. 의자 뒷면은 파라오를 보호하는 왕권의 상징인 코브라와 파피루스가 조각되어 있고 터키석과 금, 보석이 아름답게 박혀있다.

'사자의 서'도 있다. 미라와 함께 매장한 사자의 서는 파피루스에 기록되어 있는데 파피루스는 델타 유역에서 많이 자라던 식물이며, 종이(Paper)의 어원으로 알려져 있다. 이집트는 파피루스가 많아 기록도 용이했을 것으로 보인다.

파피루스를 보니 비쩍 마른 아메니가 떠오른다. 소설 《람세스》에서 람세스의 대학(캅) 친구로 모세, 아메니, 세타우, 아샤가 있는데 내 눈에 가장 안쓰러워 보이는 아메니는 늘상 파피루스를 들고 살았다. 아메니는 람세스의 신발 담당자이기도 했고, 이집트 경영을 책임진 내무부 장관급이었다. 그는 친구 람세스를 위해서는 몸 바쳐 일했고, 람세스의 임종을 최후까지 지켜본다.

드디어 투탕카멘의 황금마스크를 영접한다. 이 황금마스크를 보기 위해 나는 그 머나먼 길을 달려왔다. 정말 화려하다. 이미 책을 통해 보았지만, 실물이 내 눈앞에 있음에 황홀하기 그지없다. 3,300년 전의 이집트의 경제력과 예술성에 놀라움의 연속이다. 11kg의 금이 사용되었다는 미라의 얼굴을 덮고 있는 투탕카멘의 황금 마스크! 눈은 수정으로, 눈동자는 흑요석으로 만들어졌으며, 이마에는 이집트의 수호신인 대머리수리(독수리)와 코브라가 조각되어 있다. 머리에는 가슴까지 내려오는 네메스라고 불리는 두건을 썼는데 이 네메스도 파라오만 쓸 수 있는 장식이었다고 한다.

투탕카멘 황금 마스크

이렇게 잘생긴 투탕카멘의 신체는 약간 기형적이었던 것 같다. 발도 평발이고 신체도 좀 독특했다는데 이것은 순수혈통을 주장하다 좀 모자란 기형적인 모습으로 태어난 것으로 보인다.

사실 오스트리아의 합스부르크 왕족이 순수혈통만 중시하다 주걱턱의 후손들을 남겼듯이 이집트 왕족도 투탕카멘뿐 아니라 기원전 15세기의 투트모세 1세도 순수혈통인 왕족을 위해 자녀들을 결혼시켜 투트모세 2세와 하트셉수트와의 사이에서 투트모세 3세가 태어난 것이다. 아케나톤도 배다른 여동생 네페르티티와 결혼했고, 투탕카멘도 배다른 여동생 아낙수나문과 결혼한다.

참고로 이집트 3대 미녀는 네페르티티(아케나톤 왕비), 아낙수나문(아케나톤의 딸이며 투탕카멘의 왕비), 그리고 클레오파트라다.

투탕카멘의 장기를 보관했던 황금 캐노피 사당. 네 방향에서 4명의 여신들이 팔을 뻗어 사당을 보호하는 모습인데 굉장히 크다. 작은 무덤 안에 이

황금 캐노피 사당

PART 2. 신화가 숨 쉬는 이집트

렇게 큰 사당이 있었다는 것도 놀라움이다.

투탕카멘의 미라는 여섯 겹으로 쌓여 있었다고 한다. 러시아 인형 마트료시카를 생각하면 된다. 황금 마스크만 보아도 투탕카멘은 미소년의 얼굴이었다. 마스크를 만들 때는 본인의 얼굴과 거의 흡사하게 만든다고 한다. 그래야 떠난 영혼이 찾아올 수 있기 때문이다.

왕가의 계곡에 있는 유물들이 모두 도굴되었는데 투탕카멘의 무덤이 남아있는 것은 이집트뿐만 아니라 세계의 문화사에도 큰 획을 긋게 되었다. 1922년에 이를 발굴한 하워드 카터 일행이 감사할 따름이다. 역대 파라오의 무덤 중 가장 작다는 투탕카멘의 무덤에서만 3,500여 점의 부장품이 나왔으니, 명성 있는 파라오들의 부장품 규모는 어마어마했을 것이다.

캐노푸스

미라를 만들 때 부패하기 쉬운 시신의 간, 폐, 위, 장은 캐노푸스란 항아리에 담고 심장은 절개하지 않았다. 저승세계에 가서 지하의 신 오시리스에게 심판을 받기 위해서라고 한다. 저울의 한쪽에 법과 정의의 여신 마아트의 깃털을 올리고 다른 쪽에는 죽은 자의 심장을 올려 깃털보다 심장이 무거우면 죄가 있는 것으로 판단해 괴물에게 심장을 먹혀 영원히 부활할 수 없다고 한다. 심장이 깃털보다 가벼워야 부활할 수 있단다.

미라 전시실이다. 이렇게 큰 규모의 미라 전시실이 있다니! 놀라움이다. 미라 제작 방법부터 사용된 도구에 대해서도 하나하나의 설명이 매우 구체적이다. 사람뿐만 아니라 악어, 원숭이, 고양이, 물고기 등등 동물들의 미라도 있다. 영생에 대한 이집트인

미라 관

의 사고가 신기하면서도 그 많은 미라를 만들어낸 고대 이집트의 경제력도 궁금해진다.

　미라의 눈과 눈썹은 푸르고 검은 유리로 장식해 마치 살아있는 듯이 보인다. 어쨌든 이 많은 유물과 부장품 때문에 도굴은 엄청나게 일어났고, 도굴꾼들 덕분에 몇천 년 전의 미라들은 세상 사람들의 구경거리가 되어 발가벗겨진 상태로 누워있다.

　드디어 람세스 2세의 미라를 본다. 그렇게나 보고 싶었는데 미라로 만나니 정말 묘한 기분이다. 내 마음속 람세스 2세는 크고 건장한 청년의 모습인데 여기에 한 할아버지가 누워있다. 영겁의 세월이 흐르고 미라로 만나본 람세스 2세! 이분이 그 많은 신전을 지어 현재의 이집트인을 먹여 살린다는 이야기다. 그래. 카르나크 신전의 대열주실, 아부심벨의 대신전과 소신전, 지금은 도시의 흔적만 남아 있는 피람세스와 라메세움 등등.

　3,300년 전의 미라인데 머리카락, 치아까지 그대로 남아 있다. 심지어 람세스 2세는 90세까지 왕위에 있다가 죽었는데도 머리카락은 붉은빛 금발이고, 90세 할아버지의 모습보다는 젊어 보인다. 다행이다. 람세스의 친구 아메니는 람세스가 미라로 만들어지는 모습까지 보고 울었을 것

같아 마음이 짠해 온다. 아린 마음에 람세스 2세의 사진을 찍을 수 없어 미라 관 사진으로 대신한다.

아쉬웠던 것은 로컬 가이드로부터 보다 깊이 있는 내용을 전달받을 수 없었다는 점이다. 알고 싶은 지적 호기심은 하늘만 한데 로컬 가이드는 일하기가 무척 싫었는지 우리가 뭘 잘못하고 있는 것마냥 심각한 표정만 짓고 있다. 왠지 속고 있는 느낌….

너무 많은 유물을 너무 많은 관광객 사이로 위 아래층을 바삐 돌아다니며 보았다. 박물관의 중심 유물을 통해 이집트의 긴 역사를 알기에는 터무니없이 부족한 시간이었지만 그동안 알고 있던 내용들을 현장에서 직접 보며 확인해 본 것만 해도 가슴 벅찬 일이다. 그 나라를 알기 위해서는 박물관에 가보라는 말이 있는데 이 고고학 박물관을 보고 나니 고대 이집트의 핵심을 그릴 수 있다는 자신감이 생긴다.

람세스 2세

1층에는 아까 미라관에서 보았던 90살 할아버지가 젊은 람세스가 되어 우리를 배웅하기 위해 우뚝 서 있다. 정말 묘하다. 이런 묘한 감정은 어떤 말로도 표현할 수 없을 것 같다.

카이로 공항에서 22:15 출발. 23:40 아스완 공항에 도착. 소형배를 타고 나일강 건너편에 있는 깔끔하고 단아한 호텔에 여장을 푼다.

나일강! 그리고 아스완

 이집트는 나일강의 선물

우리의 여행은 나일강을 중심으로 이어질 것이다. 얼마나 보고 싶었던가! 나일강을! 그 누가 말했던가 '이집트는 나일강의 선물'이라고. 기원전 5세기에 그리스의 이야기꾼으로 알려진 헤로도토스는 《역사》에서 그렇게 말했다. 지적 호기심이 많았던 헤로도토스는 그리스와 페르시아의 전쟁이 일어난 원인을 알고 싶어 직접 페르시아 제국 구석구석을 여행했는데 이집트에서는 나일강의 경이로움, 신비로운 종교의식, 파라오들의 신격화 등등이 다른 나라의 문화와는 너무도 달라서 신선한 충격을 받는다.

헤로도토스가 이집트에 머무는 동안 홍수가 났는데 홍수가 끝나자 이집트인들은 나일강을 측량하고 거름도 하지 않고 바로 씨를 뿌려 농사를 짓는 것이었다. 홍수로 강에서 떠내려온 물고기 등은 이집트인들에게는 먹거리를 주었고, 죽은 물고기는 그대로 영양분이 되어 땅을 기름지게 했기 때문이다.

나일강은 아프리카 동북부를 흘러 지중해로 유입되는데 이집트, 수단, 에티오피아 등 여러 나라에 걸쳐 흐르며 면적은 340만㎢이고 세계에서 가장 긴 강이다. 강 너비는 카이로 주변의 삼각주 쪽은 30㎞ 정도여서 세계에서 가장 넓지만, 상류 쪽은 좁아져 일반 강의 너비 정도라고 한다. 그런데 이 강이 이집트를 먹여 살리고 주변 국가를 호령하게 만들었다.

오늘은 석양이 아름다운 휴양지 아스완 하이 댐과 미완성 오벨리스크와 빛과 소리의 쇼가 있는 필레 신전을 답사한다.

아스완 댐

　이집트 남부의 도시 아스완은 예로부터 대상(隊商)들의 숙박지로, 수단과 에티오피아의 상업·교통 중심지를 이루던 곳이었다. 근래에는 나일강의 물을 조절해서 사막을 농경지로 만들기 위해 축조된 아스완 댐으로 크게 알려졌다. 아스완 댐은 하이 댐과 로우(올드) 댐으로 유명하다. 이국적인 풍경과 온화한 기후를 지닌 덕에 이집트인들의 대표적인 겨울 휴양지로 이름 높고, 펠루카 여행의 중심지이며 이집트 여행자들에게는 고단했던 여행에 쉼표가 되어 주는 휴식처와 같은 곳이다.
　아스완 호텔에서 조식 후 배로 육지로 이동한 후에 다시 버스를 타고 1902년 영국이 만든 올드 댐을 지나 하이 댐으로 간다. 하이 댐은 러시아의 기술 원조와 이라크의 후세인 정권의 대규모 투자가 특징이란다. 러시아에서 기술 원조를 받은 것은 이해가 쉽게 되는데 후세인 정권의 투자는 고개를 갸웃하게 만들었지만, 투자한 만큼 많은 이익을 올렸으리라 짐작해 본다.
　하이 댐은 1960년 러시아의 기술 원조로 나세르 대통령이 시작하였고 1971년 이집트의 사담 후세인 대통령이 약 10억 달러의 비용을 투입하여 완성되었는데 댐의 길이가 3.6km, 높이가 110m, 저수량은 약 1,550톤이나 되는 거대한 댐이다.
　해마다 발생하는 나일강 홍수를 사상 처음으로 통제 관리했으며,

하이 댐

210kW라는 엄청난 양의 전력을 생산해 당시 이집트 전기의 50%를 공급하여 이집트의 경제 발전을 이끌었다 한다.

　부정적인 결과도 초래했는데 그중 가장 큰 것은 나일강 양쪽 농경지의 생산성 저하다. 댐을 건설하기 전에는 풍부하고 비옥한 침적토가 나일강가로 쌓여 농사의 풍년을 가져왔는데 댐을 건설하고는 저수지와 수로에 모이게 되어 물이 불어나더라도 경작지에는 더 이상 침적토가 쌓이지 않게 된 것이다. 이집트는 해마다 약 100만 톤의 인공비료를 사용하지만 홍수가 공급해 주던 4,000만 톤의 침적토를 대체할 수는 없단다.

　다음으로는 누비아 지역 20개의 신전과 많은 무덤들이 수몰되었고, 아부심벨에 있던 고대 신전은 많은 비용을 들여 이동시켰으며, 이집트 농부와 수단 누비아 지역의 유목민은 이주해야만 했다.

　누비아 지역은 어디쯤일까 주위를 둘러보며 세타우와 그의 아내 누비아 여인을 생각한다. 소설《람세스》에서 람세스의 캅(대학) 친구 세타우는 뱀을 이용하여 영약이나 독약을 만드는 약물학자로 람세스가 아플 때는 약을 만들어 람세스의 건강을 책임진다. 세타우는 마술에도 능해서 모세에게 지팡이를 뱀으로 바꾸는 것을 가르쳐주기도 한다. 세타우는 여자에게는 눈길도 주지 않았지만 까무잡잡하고 섹시하고 영리한 로투스에게 한눈에 끌려 결혼을 하고 로투스에게 눈길을 주는 아샤에게 꿈에도 넘볼 생각 말라고 엄포를 놓는다.

　로투스를 생각하면 바로 《사막의 꽃》의 저자이며 주인공인 와리스 디리의 모습이 떠오른다. 까뭇한 피부, 예쁜 얼굴, 섹시하면서도 건강한 신체를 가진 멋진 아가씨일 것 같다.

　와리스 디리는 소말리아 출신으로 낙타 다섯 마리를 얻는 대가로 육십 먹은 영감의 신부로 팔려 가게 되자 사막의 모래바람을 가로질러 영국으로 도망친다. 와리스 디리는 자신의 생리 날짜는 한 달 내내 계속되는데 서양 여자들은 1주일이면 끝난다는 걸 알고 아프리카 지역의 비인간적인 할례(여성의 성기 절제)에 대해 알리는 자전적 소설을 쓰게 된다. 학생들과 《사막의 꽃》을 읽고 다른 나라의 문화에 대해 토론하면서 할례를 실시하는 나라를 찾아 표시해 보니 아프리카 지역의 1/2 정도였다.

미완성 오벨리스크

미완성 오벨리스크

필레 신전으로 가는 도중에 미완성 오벨리스크를 만났다. 소설 《람세스》에서 람세스 2세가 오벨리스크를 만들기 위해, 석공들을 만나던 곳. 여기에 모세가 있을 것만 같다. 소설에서 람세스는 모세에게 새로운 수도인 피람세스 건설의 총책임자로 임명했으니 이집트 남단에 있는 아스완에는 모세가 오지 않았을 터인데도 어느 곳에 하얀 옷에 하얀 터번을 두른 모세가 있을 것만 같다.

  책을 통해 상상하던 채석장의 모습은 온데간데없다. 강가 바로 옆으로 뽀얀 석산이 있으리라 생각했는데, 마을과 도로 바로 옆에 조그마한 돌산 언덕이 있고, 미완성 오벨리스크만 덩그러니 남아있다. 3,500여 년의 세월이 흘렀으니, 당연히 지도에는 변화가 있었겠지. 주변에는 화강암에 구멍을 낸 후 마른 막대기를 쐐기처럼 끼워 넣고 물을 부으면 나무가 팽창하면서 결에 따라 석재가 쪼개지는 방식으로 돌을 잘랐다는 것과 오벨리스크를 채취하는 과정 등이 기록되어 있다.

미완성 오벨리스크는 하트셉수트(기원전 15세기) 여왕의 명으로 제작되기 시작했으나 화강암을 자르다 균열이 생겨 중단된 것으로 길이는 41m, 무게 1,267톤이나 된다. 고대 이집트 오벨리스크로는 가장 컸을 것으로 학자들은 추정한다. 관리인이 체험하라며 화강암을 다듬을 수 있는 큰 돌(현무암)을 주길래 받아 쥐고 아들과 기념사진을 찍자 돈을 달란다. 아 이런 거였지. 웃으며 2유로를 건넨다.

돌을 자르는 방법

오벨리스크는 고대 이집트 왕조 때 태양신앙의 상징으로 세워진 기념비로서 단면은 사각형이고 위로 올라갈수록 가늘어져 끝은 피라미드 꼴이다. 클레오파트라의 바늘이라 불리며 유럽 여러 나라로 유출되었다. 2년 전에 파리의 콩코르드 광장에서 본, 바늘 끝이 유난히 번쩍이던 클레오파트라의 바늘이 떠오른다.

이시스를 모시는 필레 신전

작은 돛단배인 펠루카를 타고 아스완 지역의 대표 신전인 이시스 신전으로 간다. 룩소르에 나일강을 동서로 연결하는 다리가 1개 있지만 여행사들은 대부분 펠루카나 보트를 이용해 나일강을 건너게 한다. 돛대가 길게 올라간 배는 바람으로만 움직이는 나일강의 명물 펠루카고, 흰색 바탕에 오색으로 그림을 그려 넣은 배는 동력선 보트다.

예로부터 유서 깊은 여행은 아스완에서 룩소르로 이어지는 나일강 200km 구간을 작은 돛단배인 펠루카의 하얀 돛 아래에서 이루어졌다 한다. 돛을 활짝 편 흰색의 펠루카는 바람이 없으면 무용지물이지만 나일강의 낭만을 상징하기엔 충분하다. 펠루카는 두 명이 운전하는데 한 명은 뱃머리에서 바람의 방향을 보며 조정을 하고, 나머지 한 명은 뒤에서 앞 돛의 움직임에 따라 보조 역할을 한다.

펠루카 안에서 뱃사공은 자연스럽게 우리를 춤으로 이끈다. 대학을 막 졸업한 아들과 강원도 아가씨가 예뻐 보였는지 뱃사공은 둘을 무대 위로 이끄니 그 또한 즐거움이라 모두가 하나 되어 한참을 웃는다. 강 옆으로 있는 귀족들의 분묘와 신전이 작은 구멍처럼 보인다.

펠루카 안에서 보이는 이시스 신전은 그 자체로 신성(神聖)해서 나도 모르게 경건해진다. 이집트 신의 어머니 이시스! 여기서 어린 시절부터 읽었던 《이집트 신화》 등등을 토대로 이집트 신화에 대해 간단히 정리한다. 이집트 신화, 그리스·로마 신화, 성경의 시작은 비슷한 걸로 보인다.

이집트 신화의 중심에는 강력한 태양신 라(Ra)가 있다. 생명의 근원이자 창조주인 라는 어떤 것도 존재하지 않았던 암흑의 심연 눈(Nun)에서 태어나 스스로 아톰이라 이름 짓고 최초의 자손 슈(공기의 신)와 테프누트(습기의 신)

분묘와 펠루카

를 낳고 이들이 결혼하여 게브(땅의 신)와 누트(하늘의 신)를 낳았는데 게브와 누트를 슈가 갈라놓아 하늘과 땅을 분리시켰다. 게브와 누트 사이에서 태어난 오시리스와 이시스, 세트와 네프티스부터 이집트 신화의 핵심 신들로 보면 될 것 같다.

오시리스가 이집트를 다스리는데 욕심 많은 동생 세트가 오시리스를 죽인다. 이시스는 세트의 손에 죽은 오빠이자 남편인 오시리스의 잘린 유해를 찾아내어 원래대로 맞추어 매장하고 자식 호루스를 온갖 위험으로부터 보호하며 양육한다. 이러한 일들로 이시스는 현모양처의 본보기가 되는 여신이 된다.

어느 날 세트의 공격을 받아 눈을 잃고 쓰러져 있는 호루스를 하토르 여신이 구하게 되고 둘은 결혼한다. 후일 호루스는 장성하여 세트를 물리치고 상하 이집트를 통치한 최초의 파라오가 되었고, 이시스를 대모신이자 수호신으로 승격시킨다. 이시스는 머리에 난 암소의 뿔 사이에 태양 원반을 이고 있는 여성이나 아기 호루스를 무릎 위에 앉혀 놓은 여성으로 묘사된다.

필레 섬! 이집트의 진주라고 불릴 정도로 아름다운 섬으로, 클레오파트라와 카이사르가 신혼여행을 간 곳이라 한다. 그럼, 지금부터 2,080년쯤 전의 일이겠다. 도착하면 그들의 흔적도 찾아봐야겠다.

원래 필레 섬 위에 있던 필레 신전은 하이 댐 건설로 물에 잠기게 되자 1975년에서 1980년 사이 유네스코에서 150m 북쪽에 있는 아킬리카 섬을 조성한 후 필레 신전을 옮겼지만 지금도 필레 신전으로 불리고 있다. 필레 신전에서 섬긴 신은 지혜와 미와 어머니의 신인 이시스였다.

기원전 4세기 프톨레마이오스 왕조부터 4세기 초 로마 시대까지 이집

필레신전 탑문

트에 다양한 신전이 세워지는데, 필레 신전은 로마 건축의 냄새가 짙게 배어나는 곳이다. 고대 건축은 웅장하지만 밋밋한데, 그리스·로마 시대로 가면서 기둥에 꽃이 피는 디테일한 형태가 되었다.

선착장에서 짐 검사를 받고 이시스 신전 안으로 들어선다. 시오노 나나미의 《로마인 이야기》를 또 떠올리게 하는 로마 황제들이 여기에 있다. 로마를 동서로 양분하였다가 다시 4등분하여 사두정치를 시행한 디오클레티아누스 황제(3세기)의 문이 섬의 끝자락에 있다. 기독교를 악랄하게 박해하면서 다신교를 중요시했기 때문에 신전에 많은 관심을 기울였는데 특히 이곳 필레 신전에는 유지하고 보수하는 데 지원을 아끼지 않았다고 한다.

반면, 여기저기에서 콥트 십자가가 발견되는데, 기독교 전파를 위해 노력하고 공적인 일에서 물러났을 때는 신학적인 문제에 몰두한 유스티아누스 황제(6세기)의 유적이다. 유스티아누스 황제는 튀르키예 이스탄불에 있는 성 소피아성당을 완성시킨 로마 황제로 유명하다. 두 분이 여기에 공존하는 모습이 재미있지만, 이집트 입장에서는

로마네스크 양식의 기둥

기독교에서 성인으로 추앙하는 유스티아누스 황제가 미웠을 것이다.

신전의 대문인 탑문 전체에 프톨레마이오스 1세, 이시스 여신, 호루스신, 하토르신이 부조로 버티고 서 있다. 저녁 6시 30분이 되자 웅장한 음악 소리가 울리면서 빛과 소리의 향연이 시작된다. 안뜰로 들어서

니 열주의 윗부분은 여느 주랑의 모습처럼 연꽃 모양이 있으나 그 위에 이시스 여신의 두상이 있는 게 독특하다. 신비로움과 경건 속에 동참하고 있음에 감사하며, 빛에 따라 이동한다.

빛과 소리의 향연 광장

빛과 소리의 향연을 보기 위해 마당에 자리를 잡는다. 영상으로 스토리텔링이 진행되는데 영어로 말하니 내용은 알 수 없고 분위기로 이해한다. 10시 15분에 신전의 피날레가 이루어진다. 사실 빛과 소리의 대명사인 신전의 야경은 카르나크 신전에서 장식하고 싶었다. 카르나크 신전의 야간 향연에서는 람세스 2세가 흰 도포를 입고 나타날 것 같았는데… 그 광경을 항상 그려왔는데… 너무 아쉽다…. 그래도 필레 신전에서 본 것만으로도 얼마나 감사한 일인가.

필레신전 야경

돌아오는 선착장에서 바라본 필레 신전의 야경은 감탄을 자아내기에 충분하다. 낮에 보는 신전이 전체적으로 웅장하고 화려한 건축물이라면, 밤의 신전은 몽환적이면서 고즈넉한 한가로움이다.

크루즈 여행

크루즈 여행을 꿈꾸었었다. 그 꿈 하나가 나일강에서 이루어진다. 크루즈 안에 이렇게 완벽한 호텔이 있을 줄이야. 가장 마음을 끌었던 것은 우리 방 안의 테라스다. 침대에 누워서도 테라스에 나가서도 나일강의 풍광을 볼 수 있다니. 행복은 소소한 곳에서 온다. 고된 여행에서 얻는 달콤한 선물이다. 바다로 항해하는 크루즈보다는 훨씬 작은 규모라는데도 수영장, 운동기구, 스탠드바, 댄스장 등 부대시설도 없는 것이 없다.

크루즈 옥상에 올라 나는 미어캣처럼 고개를 쭉 빼고 나일강을 본다.

크루즈

크루즈

이집트의 서기관들이 흰 두건에 하얀 도포를 입고 나일강변을 측량하며 파피루스에 기록하고 있을 것 같았는데 풀밭과 사막만 보인다. 재미있다. 나는 아직도 고대 이집트를 꿈꾸고 있나 보다. 3,500년 전의 일을 현실에서 찾으려 한다는 것이.

예전에 그리스에 갔을 때도 골목마다 소크라테스처럼 생긴 사람들이 모여 앉아 토론하고 있으리라 기대했지만, 사람들은 온통 우리와 같은 일상복을 입고 사고파는 일에 열중하고 있어 아쉬워한 적이 있었다. 나는 또 한 번의 내 소망이 현실에서 실현되기를 헛되이 기대하고 있었다는 걸 깨닫는다. 외국인들도 우리나라의 옛날 책을 보고 난 후에 한국을 방문해서 책 속의 내용을 보지 못한다면 얼마나 아쉬울 것인가.

예전에 이미륵 님의 《압록강은 흐른다》를 중학생들에게 많이 읽혔다. 조선의 옷차림과 풍경을, 책을 통해 자연스럽게 알게 하고, 조국을 떠난 저자의 심경도 느껴보게 하기 위해서였다.

이미륵은 1899년 황해도 출신으로 3.1운동에 가담한 후에 조선에 사는 게 힘들어지자, 독일로 이주해서 많은 작품들을 출간했는데 그의 책에는 고향에 대한 애틋함이 발길 닿는 곳곳에 드러난다. 이 책들은 독일어로 창작되었고, 우리나라에서는 우리말로 번역되어 읽혔다.

《압록강은 흐른다》에는 우리 세대에게도 생경한 조선의 복장, 생활양식들이 골목골목의 풍경들로 나온다. 이미륵에게 조선은 '갈 수 없는 나라'였다. 살기 위해 도망간 곳에서 이미륵은 사무치게 고향을 그리워한다. 저자의 애잔한 그리움은 학생들을 단체로 감성의 그물로 묶어버렸었다.

이 책을 읽은 외국인들도 우리나라에 오면 책 속의 모습을 얼마나 보고 싶을까? 그러나 그들도 아쉽게도 민속촌에나 가야 우리의 옛 모습을 보는 것은 내가 그리스나 이집트에 가서 기원전 시대를 보고 싶어 하는 것과 같은 이치일 것이다.

사랑의 찬미. 아부심벨

람세스 2세의 아부심벨 대신전

와~ 아부심벨에 간다. 너무나 가고 싶어 꿈속에서 미리 다녀온 아부심벨이다. 새벽부터 준비하는데도 힘들기는커녕 와엘 아저씨의 벨리댄스 노랫말을 흥얼거린다.

외국어는 기억하기가 힘들다. 내가 아부심벨을 기억한 유치한 방법을 말해 보겠다. 아부심벨에는 람세스 2세의 대신전과 아내를 위한 소신전이 있다. 그래서 나는 '아내한테 아부하기 위해 지은 곳'으로 기억했더니 잊어버리질 않는다. 아부심벨은 소설 《람세스》에서 세타우의 아내 로투스의 고향인 누비아에 있다. 소설에서 람세스 2세는 아부심벨에 대단한 애정을 보인다. 신전의 건축 상황을 보기 위해 나일강가에서 배를 타고 누비아로 가고 있는 람세스 2세의 모습이 아른거린다. 세계에서 가장 장려한 건물이자 이집트 대표적 유적지를 향해 도시락을 지참하고 새벽 4시 30분부터 서둘러 출발한다.

우리가 있는 아스완에서 4시간 정도 사막을 통과해야 한다. 가이드는 중간의 휴게소에서 내리면 멋진 풍경이 기다리고 있으니 사진도 찍으라고 한다. 휴게소에서 내리니 2차선 도로의 저 멀리 사막의 끝은 광활한 바다다. 동산만큼 거대한 원뿔 모양의 섬들이 무수히 많고 섬들은 바다에서 피어나는 아지랑이가 휘날려 장관을 이루니 아름답기 그지없다.

그런데 의문이 생겼다. 여기에 바다가 있을까? 아마도 나일강이 그렇게 멋지게 펼쳐졌나 하고 버스에 올라 가이드에게 물으니, 우리가 본 것은 '신기루'란다. 사막 주변에 바다는 당연히 없고, 나일강도 아니란다. 더불어 가이드는 나폴레옹 군대가 사막에서 오아시스와 야자수를 보고 가까이 갔지만 오아시스는 없었다고… 신기루였다는 걸 알았다고 설명해 준다.

이집트 국토의 95%를 차지하는 사막은 표피층만 덮인 것이라고 하는데 이 모래바람 때문에 도시는 누런색을 띠고 있다. 일반적인 사막은 모래사장으로 이루어져 있는데 여기 사막은 돌덩이가 부서져 흙이 되어가는 불모지다. 두바이 사막에서 사막놀이를 한 경험이 있어 여기서도 모래 썰매도 타볼 생각이었지만 뾰족한 돌들이 모래에 덮여 보글보글 솟아있으니 모래 썰매는 언감생심이다.

아스완에서 버스로 4시간에 걸쳐 아부심벨에 다가가고 있다. 고대 이집트에서 파라오는 신과 동일시되었다. 그래서 파라오로 즉위하면 신전을 짓는 일에 혼신의 힘을 다했다. 가능하면 크게 지어 신의 인정을 받고 싶었고, 국민들에게는 파라오의 역량이 크고 강하다는 것을 드러내고자 했다. 아부심벨 대신전도 처음에는 호루스신을 위해 지은 신전이었지만, 실제로는 람세스 2세 자신을 위한 신전이 되었다 한다. 아마도 유럽이 신 중심의 사회에서 인간 중심으로 넘어온 때는 15, 16세기였지만, 이집트는 이미 3,300년 전에 신보다 인간을 중요시하는 르네상스 시대가 시작되었는지도 모르겠다.

아부심벨 신전은 1813년에 한 소년의 도움으로 세상에 알려지게 되었다. 양수기를 팔러왔던 스위스인이 이곳에서 람세스 2세(기원전 13세기)의 이중 왕관을 발견하면서 아부심벨 신전은 발굴하게 되었다. 안내해 준 소년의 이름을 따와서 아부심벨 신전이라고 정했다고 한다.

이 신전은 람세스 2세(재위 기원전 1301~기원전 1235)가 남쪽 누비아인의 침입을 막기 위해 사암층으로 된 암벽을 60m 깊이로 깎아 만든 암굴 신전으로 완성하였으나 켜켜이 쌓인 세월 동안 모래 속에 파묻혀 있다가 세상에 얼굴을 드러내자마자 아스완 댐 건설로 또 수몰 위기에 처했다.

그러자 이집트 정부는 1964년부터 1972년까지 유네스코의 지원을 받아 원래 위치보다 65m 높은 곳으로 아부심벨 신전을 이전하였다. 이전할 때 신전의 앞면을 1,042조각으로 잘라 조립하였고, 하부는 인공 구조물로 지지하고 후면은 산처럼 마무리하였다 한다.

아부심벨 신전에는 람세스 2세를 위한 대신전과 네페르타리를 위한 소신전으로 구분되어 있다. 람세스 2세는 신왕국 19왕조의 2대 왕으로 아버지 세티 1세에 의해 단련되어 24세 즉위하고 67년 동안 통치한다. 소설 《람세스》에서 세티 1세는 첫째 아들 세나르보다 건강하고 영리한 람세스 2세를 왕위에 앉히기 위해 황소와 겨루기를 시키며 두려움에 맞서는 용기를 갖게 한다.

버스에서 내리니 가이드는 아부심벨 신전에 왔다고 소리친다. 흙산으로 둥그렇게 쌓여있는 이곳이 아부심벨 신전이라고? 뭔가 아쉽고 실망스럽다. 알고 보니 버스 주차장이 뒷마당에 있어 우리는 신전의 뒤태만 보았기 때문이고, 이전할 때 후면은 산처럼 마무리했기 때문이었다. 이전하기 전의 신전의 뒤태는 이 모습은 아니었을 텐데. 아쉽다.

10분을 걸어가니 웅장하고 장엄한 대신전이 눈앞에 펼쳐진다. 앞마당에서 본 아부심벨은 인공호수 나세르호에 둘러싸여 TV에서 보던 것보다 훨씬 고귀하고 존엄해 보여 경건한 마음까지 들게 한다.

대신전에서 반가운 람세스 2세의 좌상들이 우리를 눈웃음으로 맞이한다. 높이 22m의 거대한 람세스 2세의 20대, 30대, 40대, 그리고 50대 과정을 연출한 네 개의 좌상은 각각 상하 이집트 통합 왕관을 쓰고 있다. 람세스 2세 다리 사이에는 흥미롭게도 네페르타리 왕비와 왕녀들이 조그맣게 조각되어 있고 발 앞에는 매 형상을 한 호루스신과 하토르신의 작은 입상들이 줄지어 있는 것으로 처음에 호루스신을 위해 지어진 신전이라는 것을 알 수 있다.

또한 람세스 2세의 거대한 좌상 좌우 양쪽 받침대에는 자신의 용맹을 과시한 카데시(현 시리아) 전투 장면이 새겨져 있고 포로들은 목에 줄이 묶여 있고, 한쪽 팔은 잘려있다.

람세스 2세는 카데시 전투를 가장 자랑스럽게 생각하여 아부심벨 대신전의 벽, 카르나크 신전, 룩소르 신전 등 거의 모든 신전에 이 전투에 대해 기록하게 했다. 소설《람세스》에서도 제3권의 제목을 '카데슈 전투'라고 할 만큼 람세스에게 완벽한 전투였다는 의미다. 소설에서 히타이트의 편에 섰던 세나르의 거짓 정보로 람세스는 곤경에 빠지지만 람세스는 초인적인 힘을 발휘한다.

람세스 2세 대신전

〈카데슈 전투〉 부분을 잠시 보자. '파라오를 빛이 감쌌고, 그의 몸이 황금처럼 빛을 뿜었다. 엄청난 힘과 지치지 않는 팔을 가진 람세스는 누구든 덤비는 자는 발톱으로 찢는 매였고, 화살을 날려 히타이트 전차병들을 죽였다. 이를 본 히타이트 왕은 저건 사람이 아니라 세트 신이다.'라고 기록한다. 카데시 전투에서 승리한 람세스는 캅의 친구 아샤의 도움으로 히타이트와 평화조약도 맺고, 세나르의 반역을 알게 되자 세나르도 처단한다.

가이드는 신전에 들어가기 전에 우리를 광장에 세워놓고 차 안에서 설명한 내용을 똑같이 열변을 토하며 얘기한다. 빨리 들어가 하나라도 더

보고 싶은 마음을 알 리 없는 가이드가 야속할 뿐이다. 람세스 2세의 30대 좌상 머리 부분은 세월을 견디지 못해 몸체 바로 아래에 떨어졌는데 그대로 보존하는 것도 역사의 한 페이지라고 생각하는지 이집트 정부에서는 복구 작업을 하지 않는다고 한다. 그 또한 좋다. 만져 보고 싶었는데, 시간에 쫓겨 속상하다.

대신전 입구

신전에 들어서니 오시리스 형상의 람세스 2세 입상 여덟 개(2개 소실)가 우리를 맞이한다. 천장은 날개를 펼친 천사의 벽화로 꽉 채워져 있고, 기둥과 벽면은 람세스 2세가 태양신 라, 오시리스신, 호루스신, 하토르신에게 공물을 바치는 벽화가 화사하다.

대신전 내부

태양신 라는 태양 원반을 쓴 모습으로, 호루스신은 매의 얼굴로, 치료와 지혜의 신 하토르는 입이 나온 따오기의 모습으로, 사후세계를 관장하는 오시리스신은 푸른 얼굴로 람세스 2세를 보고 있다. 신들은 모두 양손에 지팡이와 생명의 열쇠 앙크(Ankh), 도리깨를 들고 있다.

가장 안쪽에 있는 제4 지성소에

PART 2. 신화가 숨 쉬는 이집트   79

대신전 내 성소

들어가니 네 개의 좌상이 있다. 라호라크티신(라+호루스), 신격화된 람세스 2세, 아몬라신(태양), 프타신(어둠)이다. 1년 중 2월 22일과 10월 22일에 이 공간에 태양 빛이 딱 두 번 들어오는데 어둠의 속성을 가진 프타신에는 빛이 들지 않는다. 태양의 기적이 1년에 두 번 일어나는데 람세스 2세 자신이 태어난 2월 22일경과 파라오로 즉위한 10월 22일경에 성소에 빛이 들어온다. 원래는 2월 21일과 10월 21일이었는데 현재의 위치로 이전하기 위한 공사를 할 때, 원래 날짜보다 1일씩 늦게 정해졌다 한다.

세 개의 석상에는 햇빛이 들어오고 하나는 들어오지 못하게 설계하다니… 아몬라상까지는 태양의 빛이 정확하게 20분 간격으로 딱 비추고 프타신은 비추지 않는다니. 현대 건축기술로도 풀어내지 못한다고 한다. 어쩌면 태양의 자전 공전에 맞추어서 람세스 2세의 기념 건축물이 연출되어 있는지 모를 일이다. 이런 현상을 보기 위해 전 세계인들이 모여들고 이집트 정부에서는 전통음악과 춤을 비롯해 이슬람교의 수피춤 등을 추며 큰 축제를 연다고 한다. 너무도 애석하다. 우리가 간 날은 2월 초순이라 10일만 늦게 왔다면 볼 수 있었을 텐데… 날짜를 맞추지 못해 아쉽기 그지없다.

네페르타리의 소신전

대신전 바로 옆 네페르타리 소신전으로 이동한다. 네페르타리는 '미녀가 왔다'라는 뜻이라니 재미있다. 람세스 2세가 지독히도 사랑한 왕비다. 소설《람세스》에 의하면 네페르타리는 신전에 있던 신녀로 람세스를 한눈에 반하게 만든 신묘함과 지혜와 절제의 여신이다. 결혼 후에 람세스가 여러 여자들을 거치지만, 네페르타리는 질투 한번 없이 슬기롭고 조용히 람세스 2세의 마음을 돌아오게 한다. 이집트 최고의 미인 중 한 명인 네페르티티와는 다른 인물이다. 네페르타리는 이집트 3대 미인에는 포함되지 않는다.

다시 한번 이집트 3대 미인을 살펴보자. 클레오파트라. 네페르티티. 아낙수나문이다. 클레오파트라는 너무도 유명한 이집트의 마지막 여왕이고, 네페르티티는 아멘호테프 4세인 아케나톤의 부인이며 아낙수나문의 어머니다. 아낙수나문은 투탕카멘의 왕비이며 아케나톤과 네페르티티의 딸이다.

네페르타리 소신전은 왕비를 위한 신전으로는 유일하고, 왕비의 신상을 파라오와 같은 크기로 세운 것도 유일하단다. 람세스 2세가 이 신전을 사랑의 여신과 네페르타리에게 바쳤다는 것으로 보아 왕비에 대한 사랑이 어느 정도였는가를 짐작할 수 있다.

소설《람세스》에서 람세스는 130명의 자손을 낳을 정도로 정력이 넘

쳤지만, 왕비 네페르타리에 대해서는 사랑과 존경이 공존해서 국가의 대소사도 네페르타리의 의견을 물었다. 그리고 람세스의 첫 여자이며 람세스의 후계자인 아들 카까지 낳아준 섹시한 이제트도 람세스의 사랑을 받는다. 그러나 람세스의 마음이 오롯이 가는 곳은 네페르타리였다는 것을 이제트는 인정하고 살아간다.

소신전은 대신전보다는 규모 면에서 확연히 작다. 소신전도 처음에는 하토르 여신을 위한 신전이었다. 람세스 2세의 욕심으로 아내를 위한 신전으로 후손들이 기억하게 된 것 같다. 소신전은 대신전에서 90m 떨어진 북쪽에 있는데, 정면 높이 12m, 너비 26m, 안쪽 길이 20m이며 입구에 높이 10m의 입상 6개가 있다. 4개는 람세스 2세를, 2개는 네페르타리를 나타낸다.

람세스 2세와 네페르타리의 입상은 모두 왼발을 앞으로 전진하는 모습으로 조각되어 있고 람세스 2세는 정교한 깃털과 뿔의 왕관을 쓰고 있

네페르타리 소신전

으며 네페르타리의 머리에는 깃털과 태양 원반이 있다. 그들 발아래에는 공주와 왕자의 조각상이 있다.

안으로 입장하면 암소 귀를 가진 풍요의 여신 하토르의 조각기둥 6개가 천장을 바치고 있다. 기둥들 뒤로는 소뿔 안에 태양을 담은 하토르 여신이 네페르타리에게 축복을 내리는 벽화도 있다.

더 안쪽의 지성소 입구에는 호루스 신에게 제물을 바치는 람세스 2세의 벽화도 있다. 지성소 안에는 소의 형태를 한 하토르 동상이 있었지만, 지금은 소실된 상태다.

람세스 2세가 여신에게 공물을 드리는 부조는 아내를 신으로 인정받기 위한 것이라 한다. 전실에는 12개의 하토르 여신상이 있고, 상하 이집트 왕관을 쓴 네페르타리와 람세스 2세의 벽화가 있다.

소신전 벽화

어디쯤에서 네페르타리는 죽음을 맞이했을까? 소설이라 실제와는 다르다는 걸 알면서도 나는 소신전 안을 기웃거린다. 소설 《람세스》 4권은 히타이트와 평화조약과 네페르타리의 죽음이 주를 이룬다.

네페르타리는 람세스를 든든히 받쳐준 또 하나의 왕이었다. 람세스가 정벌에 나서면 국내의 일들을 도맡아 처리했으며, 히타이트와의 평화를 위해서 히타이트 왕비와도 서신을 주고받았다. 람세스 내외의 노력으로 두 나라가 평화조약을 체결하고 이집트에 평화가 올 무렵 오피르와 세나르의 공격은 가열차진다.

람세스에게 가장 중요한 캅의 친구이며 피람세스 건설의 총책임자인 모세는 히브리인을 데리고 출애굽하겠다고 압박하고, 유일신 재건을 위해 노력하는 마법사이며 히타이트의 간첩인 오피르는 흑마술로 람세스와 그의 가족의 목숨을 노린다. 그리고 왕권을 차지하려는 람세스의 형 세나르는 오피르와 협업하여 호시탐탐 기회를 노린다.

람세스는 죽음 직전까지 갔다가 신의 도움으로 살아나 네페르타리와 함께 아부심벨에 도착하여 완성된 신전을 보지만, 네페르타리는 소신전 안에서 죽게 된다. 장남 카가 오피르의 흑마술에 걸려 죽게 될 위기에 처하자, 네페르타리가 카의 목숨을 구하기 위해 대항하면서 본인의 생명력을 상당히 소진했기 때문이다.

소신전 안에서 소설 속에 빠져 몽상에 잠겨 허둥대다가 빨리 나가야 한다는 아들의 재촉에 정신을 차리고 퇴장하려는데 우리 일행들이 줄지어 서 있다. 신전 입구에서 들어갈 때 못 찍은 사진을 찍는 것이다. 생명의 열쇠인 앙크(Ankh)를 들고 사진을 찍으면 무병장수하고 행복하게 산다니 우리도 재빠르게 줄을 서서 인증사진을 찍는다.

밖으로 나와 일행을 기다리며 앞을 보니 시리도록 푸른 하늘과 하늘색을 닮은 빛나는 호수가 보인다. 그리고 보니 필레 신전도 나일강가에 있었다. 고대 이집트인들에게는 신전은 물의 신성함으로 더욱 신성하게 될 거라는 믿음이 있었던 것 같다. 나도 그 믿음에 한 표를 추가한다.

  아스완으로 가기 위해 나세르 호수에 둘러싸인 아부심벨을 뒤로하고 돌아서는 발걸음이 무겁다. 이유는 너무나 보고 싶은 곳이었으니까. 몇 십 년을 기다려 온 곳을 겨우 한 시간 남짓 보고 가는 마음이 너무 허전하기 때문이다. 다시 오고 싶다. 다시 오면 그때는 온통 하루를 아부심벨에 머무를 것이다. 호숫가에 나슬나슬하게 피어난 여린 풀이 우리를 향해 산들거린다.

다시 아스완

 악어와 호루스를 모시는 콤옴보 신전

4시간을 버스로 이동하여 우리의 숙소가 있는 크루즈 바로 옆에 있는 콤옴보 신전으로 간다. 나일강가에는 파피루스 갈대가 바람에 휘날리고, 노을빛 나일강 위에는 예쁜 꽃송이들이 떠다닌다. 긴 여행으로 피곤하지만, 석양의 분위기 탓인지 탑문이 웅장하고 매우 화려하게 보인다. 파손된 부분도 있지만 정교하게 장식된 파피루스 꽃봉오리 기둥이 황홀할 만큼 아름답다. 사실 콤옴보 신전에 대해서는 배경지식이 없었다. 그래서 안 봐도 되는 조그만 신전일 거라 생각했었는데 필레 신전이나 아부심벨과는 비교할 수 없는 아름다움에 빨리 들어가고 싶어 발걸음이 빨라진다.

콤은 언덕이고, 옴보는 황금이다. 이 신전은 기원전 4세기에 세워졌으며 누비아나 에티오피아와 대상무역의 거점으로 번영하였다. 악어 머리 형상의 물신 소벡(Sobek)과 매의 머리를 한 호루스신에게 바치는 두 개

콤옴보 신전

 의 신전이 같은 장소에 있다. 그래서 정문도 두 개이며, 남쪽은 소벡신에게, 북쪽은 호루스신에게 바쳐진 것이다. 프톨레마이오스 왕조시대에 건축되었는데 내일 우리의 일정에 있는 호루스 신전과 장식은 비슷하다고 한다.
 우선 탑문에 들어서면 야외 안뜰이 나오는데 야외 구역은 기둥으로 둘러싸여 있고 정사각형 제단의 바닥은 전면 안뜰 중앙에 있다. 이 앞마당은 로마 시대(기원전 30 ~ 기원후 395)에 지어졌다고 한다. 기둥에는 로마 1대 황제 아우구스투스와 2대 황제 티베리우스가 신에게 제물을 바치는 장면으로 장식되어 있고, 히에로클리프로 왕들의 업적이 새겨져 있고, 왕의 이름을 새긴 카르투슈도 있다. 성소는 오로지 파라오만 맨발로 들어가고, 나올 때 발자국을 지우고 나온단다. 벽 위에는 태양선이 부조되어 있다. 현세의 왕이며 신의 존재인 파라오는 태양선을 타고 신들의 세계로 항해해 나간다.

신전 열주실

내부 열주실은 기원전 2세기에 프톨레마이오스 8세가 지었다. 벽면에는 호루스신과 따오기 모양을 한 지혜의 신, 의학의 신인 토트에게서 물을 맞는 프톨레마이오스 8세가 그려져 있다. 왕 뒤에는 그의 두 아내, 클레오파트라 2세와 3세가 있다.

벽면의 부조

보존 상태가 좋지는 않지만, 지성소를 둘러싼 회랑도 이중구조로 되어 있고, 중요 부분은 모두 이중구조로 되어 있다. 신전의 기둥이나 벽화를 장식한 돋을새김도 너무 아름답고 화려하다. 상형문자가 이렇게 아름다운지는 예전엔 미처 몰랐었다. 프랑스 샹폴리옹에 의해 풀린 상형문자에 따라 내 이름도 써보기로 한다. 기원전 3,500년 전에 상형문자인 히에로글리프가 있었던 문명의 나라 이집트! 문명국 이집트에 박수를 보낸다.

신전의 옆쪽에는 나일강 물이 범람할 때 치수를 재는 우물 형태의 나일로미터가 있다. 나일로미터의 수위에 따라 세율도 정했다고 한다. 수위가 높으면 세율도 높이고 수위가 낮으면 세율도 낮게 책정했다. 그만큼 나일강

나일로 미터

이 농업과 경제에 얼마나 큰 영향력을 미쳤는지 알 수 있다. 작은 글씨로 물의 수치를 표시해 놓고 태양력을 썼던 흔적이 남아 있는 우물을 살펴보고 있는데 크루즈에서 배가 떠난다고 빠–앙 뱃고동 소리를 낸다.

 아직 보지 못한 곳이 있어 바쁘게 내려가 오른쪽으로 돌아가자 악어 미라 전시관이 있다. 여기서는 악어가 신수(神獸)였기 때문에 악어가 죽으면 미라를 만들기도 했다. 고대 사람들은 악어를 나일강에 살고 있는 신으로 생각했고, 악어가 온갖 위험으로부터 보호해 준다고 생각했다. 소벡신은 태양 원반과 두 개의 깃털을 쓴 악어 머리를 한 남자로 묘사된다. 악어는 자비로운 면과 폭력적인 면을 모두 가지고 있어 존경과 두려움을 동시에 받았다. 고대 이집트인들은 소벡신에게 다산을 기도했고, 창조신으로 여겼다고 한다.
 밤의 신전은 무서울 줄 알았다. 그런데 시원한 날씨와 아름다운 신전의 분위기에 취해서인지 주변의 모든 것이 사랑스러워 기둥의 돌을새김으로 새겨진 벽화도 쓰다듬어 보고, 카르투슈도 더듬어 보았다. 정말 크고 웅장하고 아름다운 신전이다. 떠나는 발걸음이 참으로 아쉽다. 신전 아래에서 바라본 신전의 신비로움은 내 숨결 깊은 곳까지 영혼의 신성함을 시원하게 채운다.

 숙소인 크루즈에 다시 승선하자 우리의 유쾌한 가이드가 목청을 높인다. 내일 에드푸에 도착해서 6시부터 신전을 관람한 후, 7시 전후에 아침을 먹고 버스로 이동한단다. 에드푸에서 룩소행 배는 약 6시간이 걸리기 때문에 2시간 걸리는 버스를 이용한다고. 룩소에서는 왕비의 계곡, 맴논의 거상, 하트셉수트 장제전, 왕가의 계곡, 카르나크 신전 투어로 이어진단다. - 우리는 룩소르라고 하는데 여기 사람들은 룩소라고 하는 것 같다. - 애드벌룬은 뜰 수 없는 날씨니까 선택사양으로 네페르타리 무덤 관람이 180불이고 마차투어 30불이면 가능하단다. 네페르타리 무덤을 안 본다는 건 이집트 여행을 안 온 거나 다름없다 생각해서 두 가지 다 냉큼 선택한다.

크루즈에서 저녁식사를 마치고 나일강 크루즈에서의 꿈결 같은 밤을 보낸다. 어제처럼 테라스에 나와서 나일강을 바라보는데 어두운 강물만 보이고 대신 반달이 빙긋이 웃으며 우리를 맞이한다. 아스완을 떠나는 크루즈는 완행으로 천천히 움직여 새벽 시간에 에드푸에 도착한단다. 아스완은 나일강의 상류이기 때문에 강폭이 좁은 편이다. 한강의 강폭에는 비교할 수 없이 좁고, 세느강의 중간 폭이라고 보면 될 것 같다. 나일강 하류는 강의 너비가 세계 제일이다.

호화로운 크루즈 호텔의 침대에 누워 나는 나일강을 흐른다. 지금 내가 나일강 위에 있다.

세트와 호루스의 최후의 대결 장소, 에드푸

호루스 신전인 에드푸 신전

흥이 많은 가이드 덕분에 피곤한 일정에도 웃을 수 있는 시간이 있어서 좋다. 어젯밤에 했던 오늘의 일정을 다시 강조하는데 가이드의 에너지가 전달되어 아침부터 들뜬다. 아침 5시 30분 크루즈에서 내려 에드푸 선착장에 도착한 후, 2인 한 팀이 되어 마차를 탄다. 우리 가족은 셋이라서 남편과 아들이 한 팀이고, 나는 용인댁과 한 팀이 되었다. 용인댁은 결혼한 딸네 가족이 이집트에서 살기 때문에 딸을 보러 왔다가 여행사를 통해 우리 팀에 동참하게 되었다.

마차가 말발굽 소리를 경쾌하게 울리며 15분 정도 달려서 나일강 서쪽 강가에 있는 에드푸 신전으로 달린다. 여명 속을 일렬로 질주하는 마차는 온통 뿌연 안개와 같은 먼지를 사

마차투어

방으로 둘러 싸안는다. 호루스와 세트가 싸울 때, 이 사막의 먼저는 호루스의 손을 들어주었겠지?

고대 이집트인들은 에드푸는 세트와 호루스의 최후 결전의 장소라고 믿었다. 《이집트 신화》에서 보면 신들의 아버지 오시리스가 이집트를 다스리는데 동생 세트가 오시리스를 죽인다. 이때 오시리스의 아들 호루스가 아버지의 원한을 갚으러 세트와 대결을 벌이는데 여기 에드푸가 호루스와 세트의 마지막 결투 장소라는 것이다. 승리한 호루스를 위해 이집트인들이 신전을 지었다는 이야기다.

에드푸 신전은 프톨레마이오스 왕조 때인 기원전 237년부터 기원전 57년까지 건설되었으며, 호루스를 섬기는 신전이라 호루스 신전이라고도 한다. 현재 호루스 신전 중에는 제일 크고 보존 상태가 가장 뛰어나다. 에드푸 신전 가까이 가니 중앙 출입구 양쪽이 좌우 대칭으로 엄청 높은 벽으로 되어 있어 책으로 보아왔던 카르나크 신전과 비슷하다고 생각했다.

에드푸 신전

매 형상의 호루스

신전 입구에는 매의 형상을 한 호루스 신상이 있고, 출입구 입구의 위쪽에는 컬러로 그려진 날개 달린 쇠똥구리가 장식되어 있다. 옆으로는 태양신 라와 자손들이 새겨져 있다.

신전 1탑문 좌우로는 커다란 호루스 부조가 탑문을 가득 채운다. 탑문을 지나 내부 중앙정원 입구에서 소리를 내면 기묘하게 그 소리가 증폭된단다. 신전 안쪽으로 더 들어갈수록 고대 이집트의 역사의 장을 보고 있음을 실감한다.

여러 개의 방들 벽면에 빼곡히 그려진 벽화로 많은 이야기를 전하고 있다. 호루스신이 있는 곳에서는 어디서든 볼 수 있었던 호루스신에 대한 신화는 벽화와 히에로글리프(상형문자)로 기록되어 있다.

탑문의 부조

전쟁터 위에 세워진 에드푸 신전은 카르나크 다음으로 가장 큰 신전이기 때문에 높은 곳까지 기둥 하나하나에 빠짐없이 새김이 있다. 그러나 훼손 또한 심하다. 신들의 형상이 콥트교도들에 의해 많이 훼손되어 있고 천정의 검은 그을음이 있는 것은 콥트교도들이 이곳을 주

에드푸신전 벽화

방으로 사용하였기 때문이라고 한다. 콥트교는 기독교에 뿌리를 둔 고대 이집트의 오리엔트 정교회의 한 교파로 고대 이집트어인 콥트어를 전례 언어로 사용했다. 콥트어는 2세기경부터 이집트에서 쓰인 고대 이집트어의 마지막 단계의 문자로 후기 이집트어라 한다.

 에드푸 신전은 필레 신전이나 콤옴보 신전과 비슷한 시기에 만들어졌다. 규모는 두 신전보다 훨씬 크지만 아름다움에서는 두 신전에 뒤지는 것 같다. 출구에는 신전을 지키는 스핑크스가 버티고 서있다.

우리의 경주,
과거의 테베, 현재의 룩소르

  2시간을 버스를 타고 룩소르로 간다. 이집트는 나라 전체가 고대 유적지이지만, 룩소르는 유적지가 더 많아 우리의 경주라고 볼 수 있다. 나일강을 따라 도로나 철도가 연결되어 있는데 낙후가 심해서 기차보다 버스가 더 빨리 갈 수 있단다. 룩소르는 예전에 테베라 불리었는데 중왕국 때 수도였다. 신왕국에서는 제2의 수도 역할을 했던 것으로 보인다.

  그동안 읽었던 이집트에 대한 책에서도 테베라는 이름은 수없이 들었는데 《람세스》에서도 람세스 2세는 즉위한 직후부터 20여 년에 걸쳐 테베에 자신의 장례신전으로 라메세움이라는 기념비적인 건물을 지었다. 여기에서 람세스 2세의 장례식이 치러졌고, 재생과 부활을 기원하는 의식을 행한 곳이다. 그러나 폐허로 변해서 흔적만 남았었는데 18세기 이후 조금씩 발굴되면서 많이 복원되었다고 한다. 왕가의 계곡보다 더 나일강 쪽으로 건축해서 나일강의 범람, 기독교, 이슬람교의 훼손 등이 있었던 것으로 보인다.

  버스 안에서 가이드는 아크로폴리스와 네크로폴리스에 대해 설명한다. 나일강을 기점으로, 동쪽으로는 산 자의 도시인 아크로폴리스가 있고, 서쪽으로는 왕들의 계곡이 있는 죽은 자의 도시 네크로폴리스가 있다고 한다. 그동안 잘못 알았던 것을 순간 알아차린다. 아크로폴리스는 그리스 아테네의 파르테논 신전이 있는 명소의 고유명사라고만 생각했었다.

그렇구나. 신들은 죽지 않으니까, 아크로폴리스는 산 자들의 도시라는 말이 맞나 보다. 그래서 나일강을 기점으로 동쪽에는 신전들이 중심이고, 서쪽은 무덤 중심이었다. 물론 서쪽으로 아부심벨, 에드푸 신전 등이 있기는 하지만 왕들의 계곡, 왕비들의 계곡, 멤논의 거상, 하트셉수트 장제전 등이 모두 서쪽에 있다.

아크로폴리스와 네크로폴리스에 대해 생각을 정리하는 사이에 가이드는 이집트의 경작지에 대해 설명하고 있다. 전 국토의 97%가 사막이고 농경지는 전 국토의 3%인데 그중 1%가 룩소르에서 아스완에 있다고. 에드푸나 룩소르 지역은 사탕수수 재배를 많이 한다는데 길가로 사탕수수 밭이 죽 이어진다.

여기에도 지붕이 없는 집들이 많다. 흙벽을 바르고 있는 부부의 모습이 보이자, 가이드는 소똥으로 벽을 칠하고 있다고 말해준다. 인도와 이렇게도 비슷할 줄이야. 인도에 갔을 때도 소똥을 볏짚에 이겨서 벽에 바르는 걸 보았는데 여기도 똑같다. 소똥을 말려서는 땔감으로 쓰고, 마르지 않은 상태에서는 벽을 바르는 시멘트 역할을 한다.

일하는 젊은 부부의 웃음이 너무 예쁘다. 욕심 하나 없는 천진난만한 웃음! 우리의 어린 시절을 돌아보니 모든 집들이 참 가난했는데 그때는 가난해서 불편하다는 것을 몰랐던 것 같다. 그냥 나눠 먹고 욕심 없이 살았던 것 같다.

현대화가 되어가면서 이제는 누구나 부자를 꿈꾸는 대한민국이 되었다. 세상은 부의 기준으로 보아야 할까, 행복의 기준으로 보아야 할까. 나는 버스 안에서 가난이 가뭄처럼 쩍쩍 갈라져 있지만 행복만은 뭉게구름처럼 피어오르는 한 가정집의 아름다움을 들여다본다.

멤논의 거상

　버스는 2시간 30분 동안 달려 네크로폴리스의 첫 번째인 멤논의 거상에 10시 25분에 도착했다. 여기는 아멘호테프 3세의 장제전(고대 이집트에서 죽은 왕들에게 바칠 물건과 음식을 저장하던 곳) 터다. 그런데 명성과 다르게 허허벌판에 덩그러니 방치되어 있어 놀랍고 조금은 실망스럽다. 룩소르(테베)에서 규모가 가장 큰 장제전이었을 텐데, 신전은 없어지고 거대한 석상 두 개만 남아 있다.
　왼쪽 거상은 아멘호테프 3세와 평민 출신 왕비 티에, 그의 딸이 조각되어 있고 상하 이집트를 상징하는 로터스(연꽃)와 파피루스를 나일강의 신 하피가 묶고 있는 의식을 담은 그림이 새겨져 있다. 오른쪽 거상은 아멘호테프 3세와 그의 어머니 무테뮈아가 조각되어 있는데 선명하지 않다.
　아멘호테프 3세를 이집트의 광개토대왕으로 보는 것은 사실인 것 같다. 카이로 박물관 부분에서도 언급했지만, 아멘호테프 3세는 카이로 고고학 박물에서도 정중앙에 자리하고 있었고, 영국의 대영박물관에서도 이집트를 대표하고 있어서 이집트의 대부를 람세스 2세로 알고 있던 나에겐 충격으로 다가왔다. 아멘호테프 3세는 아톤을 섬겼던 이단 파라오 아멘호테프 4세(아케나톤)의 부친이자 소년 왕 투탕카멘의 할아버지이다.

멤논의 거상

  이 장제전에 있는 두 개의 석상을 언제부터인가 멤논의 거상이라고 했단다. 그러니 실질적으로는 아멘호테프 3세의 석상을 사람들은 멤논의 거상이라고 부르는 것인지, 그리스 사람들 말대로 정말로 멤논의 거상인지는 모르겠다. 참고로 아멘호테프 3세는 기원전 14세기 사람이고, 멤논은 그리스 신화에 나온 왕으로 기원전 12세기 사람인 셈이다. 멤논의 거상은 머리에 쓴 관을 합하면 높이가 22m나 되고, 규암으로 이루어져 있다.

  그리스 사람들은 이집트를 방문할 때 첫 번째 보고 싶은 것이 피라미드이고, 그다음 반드시 봐야 할 것은 멤논의 거상이란다. 멤논은 그리스 신화에 등장하는 에티오피아의 왕으로 트로이의 마지막 왕인 숙부 프리아모스를 돕기 위해 트로이 전쟁에 출전했다가 그리스 영웅 아킬레우스에게 죽임을 당한 인물이다.

  그리스인들에게는 멤논의 거상은 바로 자신들의 승리를 증명하는 물증이라는 것이다. 멤논의 거상에서는 울음소리가 들리는 것은 멤논이 자신의 어머니에게 인사하는 소리라고 그리스인들이 믿으면서 멤논의 거상이라고 불리게 되었다고 한다.

  이 거상은 기원전 27년에 지진으로 부서지면서 금이 갔다. 금이 간 사이를 통과하는 바람 소리가 울음소리로 들린다는 게 정설이다. 199년 로마 황제 세베루스가 보수하고 울음소리가 그쳤다고 한다. 사암으로 둘러싸인 외롭게 서 있는 멤논의 거상을 뒤로하고 다시 걸음을 재촉한다. 2월인데, 여기도 겨울인데, 더 강렬한 따가움을 쏘려고 태양이 몸살을 한다.

왕비의 계곡, 네페르타리의 휘황찬란한 무덤

멤논의 거상이 있는 장제전을 출발하여 30분 정도 지나니 왕비의 계곡이 있다. 이집트 왕비들의 안식처다. 흙산으로 이루어진 사막이다. 네크로폴리스 지역은 나일강가에서 조금만 벗어나면 풀 한 포기 자라지 못하는 척박한 흙산 사막이다. 2월이라 여기도 지금 겨울인데 무섭게 따가

왕비의 계곡

운 날씨다. 스카프로 햇볕을 다 가려도 스카프 속으로 햇살을 쏘아댄다. 흙산 속에 구멍들이 나 있는 곳이 왕비와 왕자들의 무덤의 입구라는데 거기는 변변하게 볼 수 있는 것이 없어 여행객들은 모두 우리처럼 네페르타리 무덤으로 향한다.

미모도 비슷하고 이름도 비슷한 두 왕비의 묘지가 일반 왕비의 무덤과 조금 떨어진 곳에 조성되어 있다. 바로 다신교를 믿던 이집트에 유일신인 태양신을 끌어들인 이집트의 반항아 아멘호테프 4세(아케나톤)의 왕비인 네페르티티(기원전 14세기)와 이집트의 영웅 람세스 2세의 왕비 네페르타리(기원전 13세기)이다. 1904년 한 이탈리아 고고학자에 의해 발견된 네페르타리 무덤은 1995년 일반에 공개되었다. 우리는 네페르타리 무덤을 선택 관광으로 정했다.

네페르타리! 그녀는 남편보다 두 살 어리지만, 90살에 사망한 람세스 2세보다 42년이나 빨리 사망한다. 람세스 2세는 그녀가 죽자, 왕비의 계곡에 가장 크고 화려하게 그녀의 무덤을 만들었다. 하지만 신기하게도 무덤 속의 그 많은 벽화나 상형문자에 람세스 2세는 없다고 한다. 이유는 뭘까? 아부심벨의 대신전과 소신전에는 네페르타리의 입상도 있고 둘이서 손잡고 서 있는 벽화도 있는데….

네페르타리 무덤 입구

네페르타리 무덤은 1인당 180불을 더 지불해야 한다. 너무 비싼 가격에 많은 사람들은 선택을 포기했지만, 나는 그럴 수가 없다. 람세스 책을 통해서, 아부심벨을 통해서, 보고 싶던 네페르타리를 만나기 위해 180불은 아무것도 아니다. 지하로 뚫린 긴 굴속으로 들어가는데 떨린다. 사진 촬영은 절대 안 된다는 주의를 받았지만, 무덤 안의 관리인은 먼저 돈을 요구하며 사진 찍기를 권유한다.

입구에 들어서자마자 정면 눈높이에는 법과 정의, 조화와 균형의 여신 마아트가 양팔과 날개를 펼치고 있다. 여신의 머리 위에는 죽은 자의 심장의 무게를 재는 깃털이 꽂혀 있다. 계단 양쪽으로는 화려한 벽화로 빼곡하다. 오시리스의 척추라고 하는 신비한 모습의 벽화가 눈에 띄는데,

네페르타리 무덤벽화

제드라고 불린다고 한다.

안으로 들어서면 먼저 전실(前室)이 있다. 여기는 오시리스의 평가를 받기 전의 모습인 것 같다. 네페르타리가 보드게임을 하며 한가롭게 있고, 아래는 히에로글리프로 빼곡히 기록되어 있다. 그다음은 네페르타리가 이집트 창조의 신 프타에게 제사를 올리는 그림, 네페르타리가 여러 신들에게 공물을 바치는 그림, 무릎을 꿇고 있는 그림, 사후세계의 통치자 오시리스가 하얀 모자에 양손에 도리깨를 든 모양으로 푸른색 얼굴로 그려져 있다. 그리고 하토르 여신이 네페르타리를 인도하는 그림이 있다. 하토르 여신을 위해 기도해 준 네페르타리를 친근하게 이끌어 주는 느낌이다.

다음은 네 개의 큰 기둥만 남아 있는 곳이 있다. 즉, 매장실이다. 오시리스 왕국으로 들어가는 곳인데 그 기둥 사이에 네페르타리의 관이 있었단다. 그런데 도굴되어 관도 부장품도 미라도 모두 사라졌다 한다. 여기에도 사자의 서는 쭉 이어져 있다. 기둥에는 제드가 기둥 모양으로 그려져 있고, 이시스 여신이 네페르타리를 인도하는 그림이 있다. 재미있는 것은 죽은 네페르타리의 팔에 헤나가 그려져 있는 모습이다. 그 옛날에도 여자들은 아름다움을 가꾸기 위해 노력했나 보다.

그리고 왕비의 무덤 안을 지키는 죽음의 신인 아누비스가 저울을 달고 있고 그 아래에는 망자의 심장을 먹어 치우려 기다리는 토트의 벽화도 있다. 네페르타리의 심장은 마아트의 깃털보다 가벼웠기 때문에 부활을 판정하는 오시리스 앞에 나가게 된 것으로 짐작된다.

네페르타리의 무덤 벽화의 주 내용은 사후세계에서 부활한 네페르타리가 여신으로 신격화되어 신계의 세계로 가는 내용이란다. 천장은 별 모양의 문양으로 그려져 있는데 밤하늘의 별을 상징한 게 맞단다.

어떻게 이렇게 선명한 색채에 아름다운 색상이 보존되었을까? 도대체 무슨 원료를 사용했을까? 화려한 색상은 경이로움과 황홀함 그 자체다. 지금 당장 벽화를 그린다 해도 이렇게 선명하고 아름답게 그려낼 수 있을지 의문이다. 3,200년 전의 것으로는 믿기 어려울 정도의 섬세함과 뚜렷한 색채에 가슴이 뛴다.

소설 《람세스》에서 신성(神性)이 있었던 네페르타리, 람세스 2세가 그 많은 후궁들 사이에서 놀아나다가도 아늑한 집으로 느끼고 돌아오게 했던 여인. 얼마나 사랑했기에 아내를 위한 신전을 지었고, 무덤도 이렇게도 화려하게 지어주었을까?

예술가는 가장 아름다운 색을 골라 채색하려고 목욕재계하고 얼마나 신성한 마음으로 작업에 임했을까. 그들의 정성이 3,200년의 흐름에도 이토록 아름다운 채색으로 남게 했겠지. 아름다운 네페르타리의 무덤 속 그림은 뇌에서부터 짜릿함을 남기며 온몸 구석구석을 지나 발끝 손끝 세포로 전달된다. 감탄을 끝낼 수 없는 채색이다.

하트셉수트 장제전

버스는 왕비의 계곡을 돌아 하트셉수트 장제전으로 출발한다. 붉은 바위산 골짜기를 끼고 신비로운 과거의 길을 달린다. 돌 밑의 구멍들은 네페르타리 벽화를 그린 석공의 후손들이 터를 만들어 살던 곳이란다. 고대 이집트 사람들의 미술 양식이 세계에 전파되었다는 게 맞다고 가이드는 한껏 고조되어 이야기한다. 나도 당연히 그랬으리라는 생각에 고개를 끄덕인다. 동굴벽화 같은 고대의 유물이 있는 나라는 많지만 3,200년 전의 이렇게 화려한 그림은 어디에도 없을 것이다.

하트셉수트 장제전에 도착했다. 하고 싶은 일을 또 하나 이루어내니 어찌 뭉클하지 않을 수 있겠는가? TV에서, 책에서 보았지만 현장에서 목격하는 하트셉수트 장제전은 생각보다 엄청 크다. 장제전을 둘러싸고 있는 게 모두 사암인데 산의 중앙을 깎아서 지어서 장제전은 산세의 일부분으로 보인다.

입구에서 내려 전시관을 둘러본 다음 셔틀을 타고 산자락에 있는 장제전까지 이동한다. 장제전의 서쪽 주변에는 무너진 무덤 군락과 장제전의 문으로 보이는 작은 기둥들이 흩어져 있다. 이곳에 중왕국 11왕조 멘투호테프 2세와 신왕국 18왕조 하트셉수트와 투트모세 3세의 장제전이 있었으나 현재는 하트셉수트만 남아 있다고 한다.

하트셉수트 장제전

  하트셉수트(기원전 15세기)는 투트모세 1세의 딸이자 배다른 동생 투트모세 2세의 왕비이다. 투트모세 2세가 일찍 죽자 투트모세 3세를 6살의 어린 나이에 왕위에 올려 하트셉수트가 섭정하며 자신이 아문신의 딸이며 파라오라고 선언하고 강력한 여왕이 된다.

  하트셉수트 장제전은 하트셉수트 여왕의 충신이자 연인이고 건축가인 세넨무트가 여왕과 태양신 아문을 위해 지었다고 한다. 그리고 세넨무트의 무덤은 여왕의 장제전 북쪽 언덕에 있단다.

  서쪽은 네크로폴리스로 죽은 자의 도시라서 왕의 무덤을 만들거나 장제전을 지으려 한 것 같은데 하트셉수트 장제전은 신전과 장제전의 복합양식 규모이다 보니 서쪽에 지은 것으로 보인다. 한때 이곳에 기독교 수도원이 있었기 때문에 아랍어로 북쪽에 있는 수도원으로 불리기도 했다.

산의 반대편에는 점심 식사 후 방문할 왕가의 계곡이 있는데 제21 왕조 신관들에 의해 미라 은닉 장소로 사용되기도 했다.

셔틀에서 내려 계단을 향해 가노라면 장제전 앞뜰이 펼쳐지는데 풀 한 포기 없이 황량하다. 게다가 드문드문 어설프게 나무가 심겨 있는데 경계를 표시하는 역할을 할 뿐이다.

하트셉수트 여왕은 3,400년 전의 인물인데 3층의 테라스까지 갖춘 신전을 만들었다는 것에 고대 건축술이 어디까지였을까 놀라지 않을 수가 없다. 《로마인 이야기》를 읽으며 로마가 기원전 4세기에 수도교를 건설했다 해서 우리나라와 비교하며 얼마나 놀랐었던가? 로마는 북쪽에 있던 에트루리아를 속국으로 만들면서 선진국이었던 그들의 뛰어난 기술력을 전수받아 상수도, 하수도 등을 설치했었다. 그런데 이집트는? 피라미드부터 시작하면 4,500년이 넘으니 일러 무삼하리오(말해 무엇하겠느냐).

신전을 멀리서 볼 때는 3층 구조, 신전 앞 밖에서 볼 때는 2층 구조인데, 들어가면 3층까지 이어지는 독특한 구조이다. 중앙 경사로를 따라 위로 이어지는데, 아래층에서 위층이 보이지 않는다. 아문신을 모시는 신전과 장례를 모시기 위해 준비하는 장제전이 함께 있는 복합양식이다.

그리고 이 신전은 지붕이 있다. 그리스·로마 시대에 와서도 지붕이 없고 기단의 형식으로 둘러놓았는데 여기는 지붕이 있는 게 신비로웠는데 경사진 산이라서 가능했으

푼트 원정 벽화

리라 짐작된다. 경사진 사암을 평평히 파서 1층을 꾸미고, 또 위를 평평하게 파면 2층 테라스가 되면서 1층에는 자연스럽게 지붕 역할을 한 것은 아닐까. 3층도 똑같은 이치였을 것 같다.

계단의 초입에서 스핑크스 얼굴을 한 하트셉수트 석상이 많이 훼손된 상태로 우리를 맞이한다. 계단을 따라 오르니 바로 2층의 테라스이며 넓디넓은 평면에 미로 같은 열주들이 서 있고 화려하기 그지없는 기둥의 부조와 벽화들이 눈을 사로잡는다. 다시 중앙의 경사로가 있는 계단을 오르면 3층의 테라스가 있고, 넓은 평면이 또 펼쳐진다.

장제전 2층 왼쪽 열주실에는 여왕의 전설적인 푼트(지금의 소말리아) 원정 벽화가 남아 있다. 배 위에는 선원들이 노를 젓는 모습, 바다에는 물고기, 오징어 같은 해양 생물이 보인다.

기원전 15세기, 함대를 조직하여 바다를 건너 향나무를 뿌리째 들여와 신전 앞에 심었다는 기록은 단순한 무역을 넘어 하트셉수트의 정치력을 보여주는 상징적인 사건인 것 같다. 향나무를 묘사한 벽화가 그대로 남아 있는 것도 신기하다. 향나무나 몰약은 고대 이집트에서 향수나 화장품의 원료이자, 미라를 만들거나 장례의식을 치를 때 방부제로 사용한 귀한 자원이었다.

2층 테라스 왼쪽 끝에는 사랑과 음악과 풍요와 어머니의 여신 하토르를 위한 신전이 있다. 하토르 여신의 부조가 편안하고 아름답게 느껴진다. 신전 바깥 벽면에는 암

하토르 여신상

오시리스화된 하트셉수트

소의 모습으로 나타난 하토르 여신에게 젖을 먹는 어린아이 모습의 하트셉수트 여왕이 그려져 있다. 하트셉수트는 하토르 신전을 세워 자신을 하토르 여신의 현신으로 표현하며 왕권의 정통성과 통치의 정당성을 강조했다 한다.

3층 테라스로 올라가니 양손에 앙크(생명의 열쇠)와 도리깨(땅의 비옥함 상징)를 든 하트셉수트 여왕이 오시리스화된 석상들로 길게 늘어서 있다. 원래는 좌우로 13개씩 총 26개지만 지금은 8개만 남아 있다. 지금도 남아 있는 부조나 벽화로 볼 때, 이 석상들도 원래는 모두 채색되어 있었지만, 오랜 세월 동안 풍화와 훼손이 반복되면서 색이 사라졌다. 그러나 아들인 투트모세 3세가 어머니의 흔적을 지우기 위해 의도적으로 훼손했다는 설도 있다고 한다.

신전 곳곳에는 아버지 투트모세 1세의 위대한 업적에 대한 기록들이 있다. 부조로 남겨진 하트셉수트 여왕의 모습은 당당한 체격으로 삼각

하트셉수트 지성소

요포에 가짜 수염을 달고 팔짱을 끼고 있는 강력한 남성상이다. 장제전 기둥에 표현된 오시리스 모양의 여왕이나 스핑크스 여왕 석상도 턱수염을 붙인 남성의 모습이다. 이런 이유로 하트셉수트가 남성이라고 알려졌었는데 장제전에 새겨진 왕의 카르투슈(이름 표시)를 보고 히에로글리프를 해독한 샹폴리옹에 의해 여성이라고 밝혀졌다.

카르나크 신전에도 하트셉수트 여왕의 장례신전을 건축할 때 건축자재를 옮기는 내용들이 히에로글리프로 남겨져 있다고 한다.

하트셉수트도 이 테라스에 서서 신전 아래 펼쳐진 넓은 사막의 지형을 바라보았을까? 그때도 지금처럼 금빛 레이스처럼 앞을 가리는 따가운 태양 빛이 쏟아지고 있었을까?

왕가의 계곡

드디어 고대 파라오들의 영혼의 안식처인 왕들의 계곡을 찾는다. 여기도 왕비의 계곡과 마찬가지로 한눈에 보기엔 흙산으로 된 사막인데 사암으로 된 바위산이란다. 예전에는 사막 지역이기 때문에 오기 어려웠는데 도로가 생겨 쉽게 접근할 수 있게 되었다 한다. 도착하니 오후 1시 10분을 가리키고 있다.

역사의 오랜 시간을 파라오들은 왕들의 계곡에 살고 있다. 왜 왕들은 이렇게 멀리 떨어진 바위틈에 주검을 숨겼을까? 처음 고왕국 시대에는 왕들은 자신들이 죽은 후에 머무를 곳으로 단단한 돌들을 쌓아 피라미드를 세웠다. 그리고 영혼이 다시 찾아올 수 있도록 미라로 만들었다. 그러나 피라미드 안의 보물은 도둑에게 모두 털렸다.

피라미드형 무덤은 도굴의 위험에 쉽게 노출된다는 사실을 알게 된 신왕국 투트모세 1세는 피라미드가 아닌 골짜기 벼랑 틈에 무덤을 만들라 했고, 이후 람세스 11세까지 단단한 바위산을 지하로 뚫어 300여 년에 걸쳐 조성하였다.

오랜 역사가 흐르는 동안에 이 바위산 밑의 무덤은 발견되지 않았다. 그러나 1881년 미국인 골동품 수집가에 의해 룩소르 서안에 있는 왕들의 무덤이 세상에 알려지게 되었다. 왕들의 계곡에 가까이 살던 쿠르나 마을 전 주민이 13세기부터 대를 이어 옛 무덤을 도둑질하여 유물을 팔아

왕가의 계곡

생계를 유지하며 살아왔던 것이다. 우연히 그 마을 주민 한 사람이 파라오의 무덤을 발견한 뒤로 마을 주민 모두가 공범이 되었던 것이다. 1881년 카이로 박물관에서 왕들의 골짜기를 찾았을 때, 그동안 파헤쳐진 무덤 62개에는 유물이 하나도 없고, 짓밟힌 미라들만 있어 박물관으로 옮기게 되었다.

그 이후 이집트 정부에서 왕들의 골짜기의 무덤을 더 발굴하려고 노력했으나 찾지 못했는데 1906년 하워드 카터에 의해 왕의 무덤 딱 하나가 발견되었다. 카터는 "저기는 람세스 2세, 저쪽은 람세스 6세, 이쪽은 메르넵타 왕의 무덤이다. 세 무덤을 이어서 만들어지는 세모꼴 안을 파보자"라고 말한다. 이유는 그 근처 바위 밑에서 투탕카멘이라고 새겨진 도자기와 금박 입힌 나무상자를 주운 사실이 있었기 때문이다. 땅을 파고 들어간 계단 아래 무덤의 문틈이 있었고 문틈에는 투탕카멘의 도장이 찍힌 종이가 봉인되어 있었단다.

람세스 4세 두

매표소에서 무덤이 있는 곳까지는 제법 먼 거리다. 그래서 전기 기차인 코끼리 열차를 타고 이동한다. 현재까지 모두 62기의 왕의 무덤이 발견되었고, 무덤에는 왕들의 계곡(Valley of King)을 줄여 KV를 앞에 붙이고, 발견 순서에 따라 번호를 매긴다. 첫째 번 발견한 람세스 7세의 묘는 KV1. 유일하게 도굴되지 않고, 마지막 발굴된 투탕카멘 무덤은 KV62. 발굴된 62개 중 13개에만 입장이 가능하다.

우리들이 들어간 곳은 KV2 Rameses 4세, KV8 Merenptah 왕, KV11 Rameses 3세의 무덤이다. 공개된 3개 왕의 무덤은 내부 구조가 모두 비슷한 분묘 형태로 지하 25m 정도의 긴 지하통로가 이어진다. 무덤 안에서 사진 촬영은 금지되며, 표지판에는 무덤에 대한 간단한 설명이 있다. 외부에서 보는 소박한 출구와는 전혀 다른 지하세계를 마주한다.

그곳에는 산자보다 화려한 죽음 이후의 신비로운 공간을 경험하게 된다. 벽 양쪽을 따라 글자들이 촘촘히 새겨져 있고 보존상태도 양호하지만, 네페르타리의 무덤과는 비교할 수 없이 소박하다. 파라오가 생전에 사용했거나 사후에 사용할 생활용품과 종교의식에 사용되는 물품이 있었다고 하지만, 중요 소장품들은 도굴꾼이 이미 다 가져가서 무덤 안에서 볼 것은 벽화뿐이다.

투탕카멘의 무덤이 옆에 있는데 들어가 봤자 아무것도 없다고 가이드가 회유한다. 아무것도 없다 해도 들어가 보기라도 해야 여기에 온 보람이 있는

투탕카멘 무덤

데 아쉽기 그지없다. 입구의 푯말만 사진으로 남겨 둔다.

카이로 박물관에서 이미 미라, 황금 가면 등으로 만나본 투탕카멘의 묘 앞에 서니 《파라오의 저주》가 또 생각난다. 이 책에서는 투탕카멘을 키운 사람은 아케나톤의 본부인 네페르티티 왕비였는데 아케나톤이 죽자 10살인 어린 투탕카멘을 왕위에 올리고 실질적으로는 네페르티티의 아버지인 아이가 섭정했다는 것이다. 그리고 투탕카멘은 네페르티티의 딸인 이복누이 아낙수나문과 결혼했는데 투탕카멘의 묘에 2구의 태아 유해는 그들 사이에 생긴 아이로 추측된다며 투탕카멘의 살해설을 근거로 제시했다.

어쨌건 도굴되지 않고 남아서 카이로 박물관에서라도 볼 수 있었으니 얼마나 감사한 일인가? 투탕카멘의 무덤이 도굴되지 않은 이유에 대해 학자들의 설은 다양하다.

첫째, 투탕카멘이 어린 나이에 죽어서 무덤이 작기도 했지만, 람세스 6세의 무덤 바로 앞에 작은 무덤으로 조성되어 평면으로 덮여있었기 때문이며 바로 옆에 또 다른 파라오의 무덤이 있으리라고는 생각하지 않았다는 것.

둘째는 투탕카멘이 이집트 신왕국 18왕조를 10년 동안 통치했지만, 9살에 파라오가 되었으니 왕실 고관인 아이라는 사람이 섭정했고 18살에 죽었으니, 후계자가 작고 약소하게 무덤을 만들었다는 것.

마지막은 투탕카멘 무덤 입구를 메우고 노동자들의 집을 거기에 세웠다는 것. 람세스 5세, 6세의 무덤이 봉분 식으로 덮어버렸기 때문이라는 것이다.

인간이란 참 묘하다. 따가워서 살갗이 탈 것 같은 날씨인데 갑자기 바람이 살짝 스치니 일행 중 한 명이 파라오의 저주가 왔나 보다고 말한다. 순간 나는 아들 팔을 꽉 쥐고 오싹해진 마음에 발걸음을 재촉한다. 설로 떠돌아다니던 왕가의 계곡 이야기를 《파라오의 저주》에서 과학적 근거로 설명해 주었는데도 내가 이렇게 허약한 사람이었나 하고 당당히 걸으며 실없이 웃는다. 고대 이집트의 문화를 내 눈으로 확인하고 싶은 지적 호기심에 왕가의 계곡을 찾았는데…. 그런데 조금 무서운 건 사실이다.

 죽은 자들과의 만남의 시간을 뒤로하고 다음 일정을 위해 서두른다. 점심은 크로다일 레스토랑에서 현지식이다. 점심은 이집트 사람들이 하루에 3번은 꼭 먹는다는 에이쉬라는 밀빵을 먹고 나일강 동쪽으로 이동하기 위해 룩소르 해안으로 간다. 오늘은 바람이 없어 아쉽게도 동력선 보트를 이용하여 건너게 되었다. 동력선에 몸을 싣고 가는데 중간쯤에서 선원들이 웃으면서 우리를 위해 이집트 노래를 불러주고 타악기까지 연주해 주며 흥을 돋우어 주면서도 팁을 요구하지 않아 감사하다.
 보이는 모든 것이 사랑이고 감사함이다. 강 양쪽에는 옥수수, 사탕수수, 콩, 자주개자리 등이 푸른 들판이 펼쳐져 있고 들판 사이사이에는 고대 신전들의 돌담이 당당하게 서 있는 사이로 나일강의 태양은 은빛 비닐로 햇살 되어 물결친다.

람세스 2세를 만난 카르나크 신전

드디어 카르나크다. 나를 이집트로 이끈 첫째 이유인 카르나크! 카르나크는 '고르고 고른다'의 뜻으로 명당을 의미한단다. 이집트에서 가장

카르나크 대신전 1탑문

좋은 땅이라는 의미다. 지금에서 보면 이집트에서 가장 비싼 땅이 될 것 같다. 신전 주차장에서 내려 도보로 5분 정도 가니 탑문이 나온다.

야경의 카르나크 신전을 보고 싶었는데 패키지의 특성상 낮에 와서 조금 서운하지만, 낮인들 어떠하랴! 그래도 람세스 2세는 하얀 도포를 두르고 우리를 맞이할 것이다. 한껏 고조되어 출발하는데 상상 속에서 그리던 정경과는 좀 다르다.

카르나크는 신성해야 하는데… 그래야 카르나크인데…. 신전은 상가의 통로를 지나야 만날 수 있다. 상인들이 간혹 우리를 중국인인지 일본인인지 혼동할 때도 있지만, 요즘은 우리나라 여행객이 많아서인지 한국인임을 알고 '아가씨. 돈 1,000원'까지 말하며 옷자락을 잡는다. 카르나크 신전 앞을, 상가를 통해 갈 수 있게 만든 것은 이집트 입장에서는 외화벌이가 될 수 있겠지만, 신화의 세계를 기대하고 온 나 같은 사람에게는 슬픈 현실이다.

우선 보안검색대를 통과하여 티켓을 수령한다. 가이드는 티켓을 나누어 주면서 제1 탑문부터 제4 탑문까지 풀스토리를 이야기해 준 후에 목소리를 높여 잘 들으라고 다짐을 받는다. 여기서 잊어버리면 한국에 못 가고 고대 유대인처럼 이집트 노예로 살아야 한다고 겁을 주면서. 지금부터 자유시간이니 한 시간 후에 오벨리스크 오른쪽으로 호수를 찾고, 그 호수 앞에 다산과 다복의 상징인 쇠똥구리 형태의 부적 역할을 하는 조각 동상이 있으니 거기서 만나자고. 길을 잊지 말고, 팀별로 같이 다니라고 신신당부한다.

카르나크 신전은 동서로 540m, 남북으로는 600m에 이르는 사다리꼴 형태로 이루어져 있으며, 엄청난 규모를 자랑하는데 현재까지 전체의 10% 정도만 발굴되었다니 규모의 방대함은 어마어마하다. 그리고 카르나크 신전은 단일 신전이 아니라 여러 개 신전의 집합소다. 가장 대표적인 것은 아몬 대신전으로 태양신인 아문신을 모시는 현존하는 이집트 최대 규모의 신전이다.

아몬신은 원래 테베 지역 신이었는데 기원전 3,100년에 메네스에 의해 상하 이집트를 통일하면서 국가의 신 태양과 창조와 질서의 신인 라(RA) 신과 결합하여 아몬라신이 된다. 대장신, 국가 수호신이 되었다. 주신인 아문과 아문의 부인인 무트신, 아들인 콘수신으로 신전 안에 지정소가 따로 있다. 아몬 신전 뒤쪽 좌우로 몬투 신전과 무투 신전이 있었지만, 지금은 터전만 남아 복원 중이다.

카르나크 신전은 중왕국 시대부터 프톨레마이오스 왕조까지 2,000년에 걸쳐 세워진 신전으로 유명하나, 대부분은 신왕국 때의 것이다. 현재 신전에는 신왕국 시대부터 프톨레마이오스 왕조에 걸쳐 건립된 10개의 탑문, 람세스 1세로부터 3대에 걸쳐 건설된 대열주실, 투트모세 1세와 하트셉수트가 세운 오벨리스크, 투트모세 3세 신전, 람세스 3세 신전이 있다. 4세기 로마제국이 기독교를 국교화하고 356년 이교도 신전 철폐령을 내리자, 카르나크를 비롯한 고대 이집트의 많은 신전은 버려졌다.

여기서 미리 그려본 카르나크 신전 평면도를 제시해 보겠다.

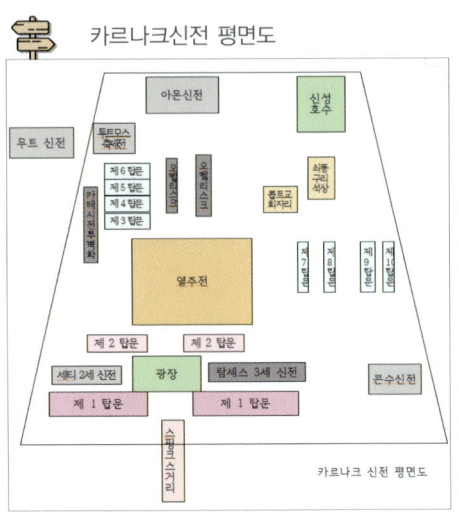

카르나크 신전 제1 탑문 앞에 반가운 스핑크스가 보인다. 신전의 수호자 역할을 하는 스핑크스는 몸은 사자, 머리는 숫양의 모습, 숫양의 턱 아래에는 파라오의 작은 조각상이 있는데 이는 파라오가 아문신의 보호 아래 있음을 나타내거나, 파라오 자신이 아문신의 현신임을 알리기 위해서

카르낙 앞 스핑크스

일 거라고 한다. 파라오는 나일강에 내려 룩소르 신전에서 카르나크 신전까지의 2km 정도로 스핑크스의 길을 걸어갔다. 그런데 현재는 남아 있는 것은 몇 기뿐인데 그마저 훼손이 심하다.

파라오는 태양선을 타고 나일강에 내려서 참배로를 따라 들어갔을 것이다. 우리도 참배로를 따라 들어간다. 파라오들은 어떤 생각을 하며 이 길을 걸었을까. 순간 나는 람세스 2세가 되어 그 길을 걸어본다.

《이집트 신화》,《람세스》 등을 읽으며 카르나크 신전과 룩소르 신전을 구분하는 기준을 나름대로 세웠었다. 두 신전이 룩소르 지역에 있고, 탑문의 높이도 처음에는 같게 지었겠지만, 현재는 모양이 다르고 두 신전의 이름도 구분해서 사용하고 있다.

카르나크의 제1 탑문은 양쪽 높이가 다르고 앞에 아무 장식이 없다는 것. 세월이 흐르면서 탑문은 무너지고 지금의 형태를 갖춘 것으로 보인다. 룩소르 신전은 제1 탑문 앞에는 오벨리스크가 있고, 람세스 2세의 석상이 있으며 탑문의 양쪽 높이가 같다.

기억해 두었던 대로 카르나크 신전임이 틀림없다. 그런데 탑문 앞에 서니 생각했던 것보다 초라해서 씁쓸하다. 제1 탑문은 흙벽돌로 아무렇게나 쌓은 것 같고, 보수를 하지 않아 흙벽돌이 비바람에 깎이고 떨어져 나간 것 같다.

제1 탑문은 너비 113m 높이 37m의 거대한 사각형으로 오른쪽은 정상적인 데 반해 왼쪽은 무너져 내려 있는 상태이고, 한쪽에 갈색의 흙 계단이 보이는데 신전을 쌓을 때 흔적이란다. 피라미드와 같은 건축 방법으로 돌과 흙이 섞인 경사로를 만들고 경사로 계단을 통해 돌을 운반하고 탑문이 올라갈 때마다 경사로가 같이 올라가 탑문을 높이 쌓아 갔다. 신전 높이가 높아질수록 흙 계단의 높이와 길이도 커졌다. 마지막이 완성되면 쭉 내려오면서 흙 계단을 없애버리면 깨끗하게 탑문만 남게 된다.

백성들은 1 탑문 안까지만 들어올 수 있었는데 1년에 딱 한 번 그것도 오페트 축제 때 들어올 수 있다. 그래서 백성들이 들어오는 시기에 맞추어서 공적치하비는 외벽에다가 많이 해 놓았다 한다.

그 옛날, 해마다 오페트 축제가 시작되면 테베의 동쪽 강변에는 수많은 인파가 달려 나와 꽃을 바치고 향수를 뿌리며 풍년을 기원했다. 지금은 스핑크스 대신에 사자의 몸에 사람의 머리를 한 600여 개의 스핑크스 깃발이 두 줄로 나란히 도열하여 오페트 축제를 맞이한다고 한다.

제1 탑문에 들어서니 거대한 안뜰이 나온다. 중앙에는 10개의 대형 원형 석조의 주춧돌이 남아 있는데 온전한 것은 한 개뿐이다. 왼쪽에 있는 작은 규모의 신전은 세티 2세의 신전으로 주신인 아문과 부인인 문트, 아들인 콘수를 기리고 있고, 신전 안에 지정소가 따로 있다. 오른쪽에는 람세스 3세의 신전이 있다. 람세스 3세는 기원전 13세기의 왕으로 람세스 2세 시대와 달리 정치 경제적으로 쇠락했다고 한다. 신전 입구 양옆에 조각상이 있고, 탑문에는 파라오가 적을 무찌르는 부조가 있고, 복도 양옆으로는 파라오를 그린 조각상들이 도열해 있다. 왼쪽의 석상은 하 이집트를 상징하는 붉은 왕관을 쓰고, 도리깨를 들고 있고, 오른쪽의 석상은 백색 왕관을 쓰고, 구부러진 갈고리를 들고 있다. 하 이집트는 지금의 카이로, 사카라 지역, 상 이집트는 룩소르, 아스완이다.

제 2탑문

제2 탑문 입구에서는 람세스 2세의 거대한 입상이 우리를 맞이한다. 왼발을 내민 람

람세스 2세 입상

세스 2세는 오른쪽에서, 가슴에 손을 엇갈리게 올리고 도리깨와 지팡이를 들고 있는 오시리스 상을 한 람세스 2세는 왼쪽에서 우리를 반긴다. 람세스 2세 때 완성했다는 대열주실로 입장한다.

와~와~와~와~! 정말 크고 높고 화려한 원기둥에 입을 다물 수가 없다. 사실 이집트에 온 가장 큰 이유는 카르나크 신전의 대열주실을 보고 싶어서였다. 감사하다. 보고 싶은 것을 볼 수 있는 시간이 주어져서 감사할 뿐이다. 사암으로 만든 기둥의 색깔이 이리도 아름다울 수가 있을까? 사암은 모래가 굳어진 돌이라서 작업하기도 쉽지만, 시간이 흐를수록 더 단단하게 굳어지니 외국에서는 사암을 많이 쓰는 것 같다. 캄보디아의 앙코르와트도 사암으로 지어졌는데 앙코르와트의 사암이 약간 검은 계통이라면 여기는 붉은색도 약간 도는 노른자색 계통이랄까? 기둥의 색깔도 밝아서 좋고 좋다.

파피루스 꽃 모양의 기둥 끝

대열주실

대열주실은 파르테논 신전의 기둥 등에서 사용된 하이포 스타일(건축에서 기둥이 많은 홀)로 세계에서 가장 큰 대열주실이다. 기둥의 끝은 연꽃 또는 파피루스 꽃을 표현하고 있으며 이 열주실에는 어마어마하게 넓고 커서 열주실의 끝을 알 수가 없다. 세티 1세가 시작한 대열주실은 높이 23m, 둘레 10.6m에 이르는 중심기둥 12개와 높이 15m 둘레 8m의 122개 총 134개의 기둥으로 이루어져 있는데 창조의 신 아툼이 탄생한 파피루스 늪을 상징한다고 한다.

기둥의 넓이

어른 12명이 팔을 잇대야 하는 너비의 원기둥에는 용맹스럽고 아름답고 때론 장엄한 부조가 그려져 있다. 경제적으로 풍부하고 거대했던 고대 이집트의 위용을 알 수 있는 징표다. 카르나크 입구의 상가에서 실망했던 것, 제1탑문의 초라함은 잊은 지 오래다. 대열주실의 웅장함은 희열을 가져온다.

이 대열주실의 어딘가에서 람세스 2세가 걸어 나올 것 같다. 세티 1세가 아들을 용맹한 군주로 키우기 위해 황소와 맞붙어 싸우게 한 곳은 어디쯤일까? 황소에 맞서서 으르렁거리는 어린 람세스 2세와 그 광경을 숨죽여 보고 있는 세티 1세의 모습이 당장 눈앞에 펼쳐질 것만 같다.

열주실의 열주에 가장 많은 카르투슈를 새기고 신성한 왕이 되기 위해 끊임없이 수양한 파라오 람세스 2세와 그의 마음을 송두리째 지배했던 왕비 네페르타리의 속삭임이 내 몸속의 세포 하나하나에 스며들도록 나는 숨을 크게 들이마신다.

크리스티앙 자크의 《람세스》를 읽고 꼭 와보고 싶었던 카르나크. 교육기관인 캅에서 함께 공부했던 람세스 친구들의 모습을 여기 어딘가에서 찾을 수 있을 것 같다. 람세스의 비서이며 신발 운반 담당관이며 신성문자를 잘 해석했던 아메니는 빼빼 마른 착한 사나이였겠지. 수단 출신의 까무잡잡한 미모의 아내가 있고, 사내다움을 뽐내는 상남자 스타일의 세타우는 어디쯤 있었을까. 이 책에서는 세타우를 통해서는 뱀의 독을 이용해서 양약과 독약을 만들 수 있었던 3,500년 전의 이집트의 의학 기술을 보여주었다. 히브리인 출신으로 신전 건축가로 일하면서 히브리인을 출애굽시키겠다며 람세스와 자주 부딪혔던 모세는 어떤 모습으로 어디에 서 있을까? 히타이트의 첩자일지 모르겠다는 착각을 불러일으켰지만, 나의 희망을 저버리지 않고 히타이트와의 평화협정을 이끌었던 아샤는 어떤 얼굴로 있었을까?

세계 여러 나라를 여행하며 신전은 단순히 신들을 위한 기도의 장소만이 아니라 궁전의 역할도 같이 했을 거라는 확신을 한다. 카르나크의 라암셋이라는 곳에서 람세스는 자랐다고 이집트 관련 소설에서 말하고 있고, 라암셋을 람세스로 해석하는 성경 연구도 있다. 히브리인들이 라암셋이라는 신전을 짓는데, 카르나크 신전의 제2 탑문의 설계자는 모세가 아니었을까.

오벨리스크

제3, 4, 5, 6 탑문은 많이 훼손되었으며 서로 가까이에 있다. 부서진 탑문 아래로는 바닥에 나뒹구는 오벨리스크도 있다. 온전히 보이는 두 개의 오벨리스크가 서 있는데 작은 것은 투트모세 1세(높이 22m)의 것이고 큰 것은 하트셉수트 여왕(높이 29.5m)이 세운 것이다. 역사상 가장 성공적인 여성 파라오였던 하트셉수트에 대해서는 카이로 박물관에서, 하트셉수트 장제전에서 많은 이야기를 나누었다.

훼손이 심해 흔적만 남은 제5, 6 탑문을 지나니, 태양신 아문의 지성소가 나온다. 시간에 쫓기는 가이드는 들어가려면 1시간 기다려야 하고, 들어가 봤자 검은 돌 하나밖에 없다고 재촉한다. 그래도 아문신은 카르나크 신전의 상징인데 지성소를 보지 못하는 것은 여행을 온 의미가 없는 것 같아 속상해하는데 남편이 인파를 비집고 들어가서 사진을 찍어왔다. 직접 보지 못한 게 못내 아쉽다.

아문신 지성소

신성 호수로 가는 길에는 많은 벽화들이 있고, 도리깨와 지팡이를 쥔

PART 2. 신화가 숨 쉬는 이집트

석상이 있어 우리도 한 몸이 되어 사진을 찍는다. 또 다른 놀라움이다. 여기에 콥트 교회 십자상이 있다. 역사의 흐름에는 종교의 흐름이 같이 다닌다. 로마 시대에 이교도를 박해하는 바람에 카르나크 신전도 많이 훼손되었는데 아문 대신전만큼은 콥트 정교회의 성당으로 개조되어 사용되었기 때문에 현재까지도 콥트어 명문이 여기저기에 남아 있다 한다.

도리깨와 지팡이 쥔 석상

콥트교회 십자상

얼마나 훌륭한 명당이었으면 2,000여 년 동안 이곳에 그 많은 신전을 지었을까. 현재 우리가 보는 카르나크 신전은 전체 10% 정도만 발굴된 상태라 하니 그 규모는 상상을 초월한다.

신성(神聖) 호수라는 연못이다. 이 성스러운 연못은 아문의 제사장들이 종교의식을 행하기 전에 몸을 정결하게 한 곳이란다. 그런데 왜 나는 이 호수를 보면 람세스 2세와 네페르타리가 생각날까. 크리스티앙 자크의 《람세스》의 장면과 함께 연못가에서 연정을 키웠던 그들이 생각난다. 거긴 아마도 멤피스의 궁전에서였겠지. 여리지만 아름답고 신묘함이 있던 네페르타리와 건강하고 담력 있는 람세스의 모습이 푸르름 속에, 눈앞에 펼쳐진다. 가

끔은 애교 많고 탄력 있는 이제트와의 사랑이 이루어졌던 곳이 이 호수의 어디쯤이었으면 좋겠다는 상상하고 있을 때, 가이드가 어서 와서 소원을 빌라고 소리친다.

바로 앞에 다산과 다복의 상징인 거대한 쇠똥구리 모양의 석상이 있는데 별자리를 맞춰 바퀴 수를 돌리면 자신의 운명도 바꿀 수 있단다. 나는 나의 어떤 운명을 바꾸어야 할까? 그냥 이대로가 좋다. 운명을 바꾸고 싶은 생각은 없지만 소

신성호수

원을 빌어서 나쁠 것은 없다는 생각에 우리 가족은 줄을 서서 소원을 빌며 열한 바퀴를 돈다.

쇠똥구리 석상

가이드를 따라 제3 탑문 뒤쪽으로 간다. 흥이 많은 우리 가이드는 또 흥분해서 말한다. 가이드를 잘 만났다고. 다른 가이드들은 모르는데 자기만 여기를 안다고. 가이드가 큰소리칠 만하다.

제3 탑문 신전의 커다란 외벽을 꽉 채운 람세스 2세의 승전보가 거기에 있다. 기원전 13세기에 진행된 카데시 전투의 이야기가 외벽에 그대로 묘사되어 있다. 카데시 전투에 대해서는 아부심벨의 벽화에서도 조각조각으로 많이 보아왔지만, 여기는 그 큰 벽면을 부조로 가득 채우고 있다. 3,300

여 년 전의 람세스 2세가 황금 마차를 타고 진두지휘하는 용맹스러운 모습, 포로들이 람세스 2세 발 앞에 무릎을 꿇고 있는 모습들이다.

카데시 전투는 히타이트와의 국제간 외교 평화협정 문서(기원전 1279)를 체결한 것으로 유명하다. 협정문은 이스탄불 박물관에 바빌로니아 설형문자로 적힌 빙클러 판이 있는데 외교 평화협정 문서라는 점은 같지만, 히타이트가 승리했다는 내용이다. 역사는 자기 입장에서 쓰게 된다는 증거인 것 같다.

카데시 전투 부조

결국 히타이트 공주를 람세스 2세의 네 번째 왕비로 맞이하면서 기원전 1264년 평화강화 협정조약을 체결했는데, 현재 유엔 평화 협정조약문 제1호에 이 조약문이 그대로 들어가 있다니 그저 신기할 따름이다.

한 줄기 햇살이 카르나크 신전의 오벨리스크 사이를 가른다. 신전들이 황금빛으로 물들고 있다. 석양빛이 이렇게 아름다운 적이 있었던가! 빛과 소리의 향연이 시작될 시간이다. 우리는 떠나야 한다. 카르나크 신전의 빛과 소리의 향연을 정말 보고 싶었는데 패키지의 특성상 포기해야 한다. 그지없이 서운하지만, 그리스 파르테논 신전보다 약 1,000년 앞서 지어진 이곳에 내가 서 있다는 자체만으로 감사한 일이라고 호기를 떨어 본다.

파라오들은 영생을 믿었기 때문에 무덤 좌우 측에는 반드시 2척의 배를 묻었다. 새벽부터 저녁까지 12시간짜리 배와 저녁부터 태양이 뜨기까지 항해하는 12시간짜리 배가 필요했기 때문이다. 카르나크 신전의 또 하나의 하이라이트는 2척의 태양선인데 우리는 시간관계상 태양선을 보러 가는 것도 생략이다.

우리도 카르나크 신전에서 성스러운 길로 들어선다. 양 머리 스핑크스의 안내가 아닌 마차의 인도를 받으며 3km 떨어져 있는 룩소르 신전으로 간다. 이 성스러운 길에서는 지금도 오페트라는 이름으로 축제가 해마다 성대히 열리고 있다. 참배의 길을 따라 수많은 인파가 달려 나와 꽃을 바치고 풍년을 노래한다고 한다. 배 모양의 성스러운 가마가 테베의 주신 아몬과 현세의 통치자인 파라오가 곧 일체임을 백성의 뇌리에 강렬하게 주입시키던 오페트 축제의 전통을 보고 싶었지만, 축제 기간이 아니라서 이 또한 아쉽다.

흐벅지게 내리쬐던 햇살이 어느덧 숨을 죽이고 카르나크를 감싸고 있는 황혼이 따사로워 보인다.

조망으로 끝난 룩소르 신전과 시장 골목

룩소르신전

룩소르 신전은 마차에서 조망하는 것으로 되어 있다고 가이드가 설명한다. 룩소르 신전은 카르나크 신전하고 거의 비슷한 시대에 지어졌는데 카르나크 신전에 비해 규모가 작아서인지 관리도 소홀하여 훼손된 정도가 매우 심하다고 한다.

야경으로 보이는 룩소르 신전! 룩소르 신전이 맞다. 사진을 통해서 카르나크와 룩소르 신전을 구분하기 위해 얼마나 머리를 짜내었던가. 백문이 불여일견(百聞 不如一見)이라고 이젠 눈을 감고도 찾아내겠다. 어둑해진 룩소르 신전은 화려한 조명으로 우리를 반긴다. 룩소르 신전 또한 람세스 2세 때에 건축한 건물이 많다.

고대에 태양이 뜨고 지는 지평선이라고 불렀던 룩소르 신전의 오벨리스크! 원래 룩소르 신전 제1 탑문 좌우에 두 기의 오벨리스크가 나란히 서 있었다. 오른쪽에 있던 오벨리스크는 현재 파리 콩코르드 광장 한가운데 우뚝 서 있다. 재작년 프랑스 여행 시 콩코르드 광장에서 보았던 오벨리스크가 프랑스를 빛내고 있었는데 여기서 뽑아가서 외눈박이를 만들고 말았구나 싶다.

1831년에 이집트 총독 무함마드 알리가 프랑스와의 친선을 위해 선물로 바쳤다 하니 속상함은 더한다. 이집트를 속국으로 만든 나폴레옹은 1801년에 이집트를 오스만에 다시 빼앗겼다. 무함마드는 이집트 총독으로 있으면서 프랑스인들이 이집트 유물을 탐내는 걸 알고 프랑스의 도움을 얻을 일이 생기자 남의 나라 유산을 자기 마음대로 던져버린 것이다.

그리고 그럴싸한 전리품으로 세계 각지로 얼마나 흩어져 나갔겠는가. 내가 직접 본 것만 해도 로마에 3개가 있고, 이스탄불에도 1개가 있다. 물론 이스탄불에 있는 1개는 기원전 15세기에 고대 이집트 투트모세 3세가 이스탄불을 정복하며 카르나크 신전 앞에 있던 것을 가져다 놓은 것이라 한다.

아쉬움을 뒤로하고 야경으로 빛나는 룩소르 신전을 다시 보니 람세스 2세의 좌상이 탑문 앞의 양쪽으로 있고, 또 람세스 옆으로 석상 2구씩이 있다. 조명 속의 룩소르 신전이 너무 아름다워 가이드에게 잠깐 내려서 사진만 찍겠다고 양해를 구했다. 우리 일행들은 모두 룩소르 신전 앞에서 인증샷을 찍으며 내 덕분
이라고 나를 치하했다.

룩소르는 티켓 없이 볼 수 있는 문화유산과 유적지들이 많이 있다. 관청 뒤로 조금만 가면 룩소르 박물관이 있고 세계문화유산의 도시답게 룩소르는 가는 곳곳마다 유적이다.

마차 투어로 룩소르 골목과

룩소르 재래시장

시장을 돌아보는 것은 그들의 생활상을 볼 수 있는 좋은 기회였다. 복잡하고 좁은 시장 골목길을 마차로 지나는 게 무척 불편하고 생소하게 느껴졌지만, 현지인들은 웃음으로 우리들을 반겨 주고 도시는 카이로에 비해 깨끗하다.

마침 아잔 소리가 들리자, 시장 상인들은 상가의 셔터를 내리고 지나가던 길가의 사람은 바닥에 천을 깔고 메카를 향해서 절을 한다. 간혹 그대로 장사를 하고 있는 상인들도 많았는데 가이드에게 물으니 이슬람 신자가 아닌 사람들은 기도하지 않는다고 한다. 우리가 다닌 곳은 관광지라서 별로 느끼지 못했던 기도 광경을 여기에서 정확하게 보게 되었다.

이번에도 홀수인 우리 가족은 자연스럽게 혼자 온 용인댁과 한 팀을 이루었는데 나보다 다섯 살 많은 용인댁은 소탈하고 활달하여 낯선 사람과의 동행의 어색함은 전혀 없게 만든다. 마차 투어에서는 마부가 사진을 찍어주

룩소르역의 상징 호루스

겠다고 해서 용인댁과 나는 최대한 멋짐을 뽐내며 또 하나의 추억을 만든다. 룩소르 역의 표지인 호루스가 눈에 선하다. 청색 날개를 화려하게 활짝 펼친 매의 머리를 한 호루스다. 룩소르 항에 도착하니 에드푸에서 헤어졌던 크루즈가 도착해 있다.

역사의 대왕. 이집트의 기자

세계의 불가사의. 기자의 피라미드

피라미드에 가려니 몇 년 전에 다녀온 경주가 생각난다. 고등학교 시절에 수학여행도 다녀왔지만, 그때는 크게 느끼지 못했다. 이번에 경주에서 받은 느낌은 놀라움과 신비로움, 가슴 뭉클함의 총체였다.

왕릉을 조망하면서 커피 한 잔의 여유를 갖게 해주는 무덤! 밤이 되면 온 시내 사람들이 몰려나와 왕릉 주변을 돌며 조깅하게 해주는 무덤! 연인끼리 왕릉 아래 잔디밭에 앉아 담소를 나누게 해주는 무덤!

푸른 잔디와 고운 나무들이 어우러진 왕릉을 어찌 사랑하지 않을 수 있겠는가? 지구상에 이런 풍경을 가진 나라가 있을까? 우리나라는 경주 보유국임이 틀림없다는 자부심이 일어났었다.

경주의 왕릉보다 2,700년 앞선 피라미드를 간다. 경주처럼 아름다운 조경은 없지만, 역사(歷史) 중의 최고(最古)인 피라미드를 나는 어떤 마음으로 맞이할까? 설레는 마음은 밤잠도 설치게 한다.

피라미드

새벽 3시 30분, 도시락을 하나씩 받아 든다. 룩소르 공항에서 아침식사를 도시락으로 간단히 때우고 1시간 20분 비행해서 카이로에 도착하니 7시 10분이다. 이집트 여행 첫날 카이로에 입성하면서 기록했던 카이로 회담이 열렸던 곳을 지나간다. 슬프면서 허하면서 씁쓸한 기분이 드는데, 우리 동행들의 마음도 같으리라 생각된다. 가는 곳곳마다 우리의 역사도 같이하니 묘한 기분이다. 대한민국의 선현들을 기리기 위해 세운 대한민국 헌정기념비가 있다는데 패키지 안에는 들어 있지 않아서 가이드 말로 대신한다.

기자로 가는 버스에서 가이드는 이집트 초기의 피라미드에 대해 얘기해 준다. 최초의 피라미드는 제3왕조의 파라오 조세르 시대에 임호테프(기원전 27세기)라는 재상에 의해 건설되었던 장방형의 석조물 계단식으로 이집트 피라미드의 원형이다. 조세르왕 피라미드에서 발견된 조세르 상에는 임호테프에 대해 "파라오의 고문, 하 이집트 왕국의 제2인자, 위대한 재상, 헬리오 폴리스의 대신관, 건설자, 조각가"라고 새겨져 있다 한다. 그는 또한 천문학자, 수학자, 연금술사, 파피루스를 발명한 사람 등으로 불리고 있다. 살아서 널리 숭배받고 죽어서 전설로 남을 만큼 임호테프는 천부적인 재능인이었음은 분명해 보인다.

기자의 피라미드는 카이로에서 40km 떨어져 있다. 초기의 계단식 피라미드의 계단을 메워 삼각뿔 모양으로 만든 것이 기자 피라미드다. 기자 피라미드 건설 이후에 새로운 모양의 신전 건축으로 관심이 이동하면서 기자에는 더 이상 피라미드가 세워지지 않았다고 한다. 기자에 있는 아홉 개의 피라미드 중 삼총사(기원전 2560년경의 쿠푸 왕, 그의 아들 카프레 왕, 그의 손자인 멘카우레 왕)가 우리의 목표다.

기자의 피라미드 앞에 섰다. 어릴 때부터 꿈꾸던 곳. 꿈이 아니고 생시다. 정말 크다. 이렇게까지 클 줄은 몰랐다. 사진에서 보던 거와는 또 다르다. 단 하나의 높이가 내 키만 하다.

헤로도토스는 《역사》에 이집트 기자의 대피라미드에 관하여 10만 명이 3개월 교대로 20년에 걸쳐 건축하였다

피라미드 단의 높이

PART 2. 신화가 숨 쉬는 이집트

고 기록하였다. 왕은 온 국민에게 강제로 아라비아의 산중에 있는 채석장으로부터 돌을 나일강까지 운반하고 배로 강을 건너고 운반된 돌을 받아 리비아 산맥까지 끌게 했고, 돌을 끌고 가기 위해 도로만 건설하는 데도 10년이 걸렸다고 서술했다. 사실 헤로도토스는 사람들의 증언을 토대로 기록했으니, 정설이라고는 할 수 없었지만, 많은 학자들의 연구가 있기까지는 오랫동안 《역사》에 기록된 내용을 학계에서는 사실로 받아들인 것 같다.

피라미드를 지은 노동력에 대해서는 많은 학설이 있다. 노예의 노동력으로 건립되었다는 것이 그동안의 정설이었으나 최근에 20년 동안 급여를 받은 4,000~5,000명의 노동자에 의해 완공되었다는 학설이 나왔다. 147m의 높이와 230m의 밑변으로 이루어진 이 피라미드를 이집트 역사 초기에 만들었다는 사실은 당시 이집트인들의 수치에 대한 지식과 기술력의 정교함을 알 수 있다. 나일강의 범람으로 수학이 발달했다는 것은 익히 알고 있었지만, 정말 경이롭다.

2016년에는 대피라미드 건축을 위해 석회암을 운반하는 항구 노동자들의 일상이 담긴 파피루스 고문서를 이집트 박물관에서 공개하기도 했고, 2018년에는 이집트 정부가 룩소르 북단에서 쿠푸왕 피라미드 건축 당시 썰매를 태웠을 것으로 추측되는 계단을 발견함으로써 벽화에서 발견된 건축의 비밀이 더욱 확실시되기도 하였다.

태양이 되고자 하는 파라오의 마음을 현장에서 보는 것만으로도 분명 가치 있는 일이리라. 신의 집을 짓는 것은 종교 지도자나 파라오에게나 중요한 일인가 보다. 현재까지도… 고대 이집트인들에게 파라오는 신의 화신이었다. 사람은 생명이 다하면 하늘나라로 가서 영원한 생명을 얻게 되는데 피라미드는 하늘로 올라가는 계단이었던 것 같다.

피라미드를 보고 감격하지 않는 사람이 있으랴마는, 나폴레옹에게는 더 특별했던 것 같다. 피라미드 내부를 보고 난 후 고대 이집트 건축술의 신비로움에 3일 동안 실어증이 걸릴 정도로 말을 못 하다가 4일째 되는 날 스핑크스 앞에서 20분 연설 중 15분 동안 이집트 문명에 대한 극찬과 함께 자신이 느꼈던 감정 그대로를 표현했다고 한다.

이집트 정부에서 3개월 이상 걸쳐 내부 통로를 만들었는데, 도굴꾼들은 고대 이집트인들이 만들어 놓은 출입구를 15일 만에 찾아내었다고 한다. 우리는 도굴꾼이 만들어 놓은 입구를 통해 들어간다.

피라미드 입구

1818년에 피라미드의 내부가 세상에 알려지게 되었다. 내부 구조는 지하에 매장실이 있고, 중간쯤에 왕비의 방이 있으며, 더 높은 위치에 왕의 방이 있다. 각 공간은 경사진 통로로 연결되어 있으며 왕의 방 위에는 하중을 분산시키기 위한 무게 경감의 방이 층층으로 설계되어 있다. 또한 왕의 방에서 두 개의 환기구가 뻗어 있는데 이것은 오리온자리와 같은 위치로 정렬되어 있다 하며 이는

올라간 길

파라오가 사후 세계로 가는 길을 상징한다고 한다.

  내부로 들어가는 길은 지상 10m 정도를 평평하게 가다가, 수직으로 52도 급경사로 오른다. 통로가 상당히 좁아 간신히 몸을 돌려야 올라갈 수 있는 계단이다. 허리를 굽히고 올라가면 평평한 길이 나오고 그 끝에 파라오 시신이 안치되어 있는 가로 14.15m 세로 5m, 높이 6.8m의 왕의 방이 나온다.

통로

파라오의 석관

  그 가운데 직사각형 모양의 석관이 있다. 이곳이 피라미드 꼭짓점 바로 중간이다. 원래는 꼭짓점에 해당하는 삼각형 꼭지에 호박금인 황금을 입혔다. 그래서 태양이 뜨면 100리 밖에서도 빛이 반짝반짝 빛났다고 한다. 아래에 왕비의 방이 있는데 우리에게 허락된 공간은 여기까지다.

  피라미드를 나오면서 많은 생각이 씨실과 날실로 뒤엉켰다. 영혼의 꿈을 지니고 사는 이집트의 이야기를 피라미드에서 느끼며 4,500년의 역사 앞에 서 있다는 사실만으로도 뭉클하다. 사뿐한 구름이 피라미드를 뽀샤시하게 에워싼다.

파노라마존

　버스를 타고, 삼총사 쿠푸, 카프레, 멘카우레가 잘 보이는 파노라마 존으로 이동한다. 왼쪽부터 쿠푸, 카프레, 멘카우레 피라미드가 있는데 가운데 카프레가 실제로는 쿠푸보다 작은데 높은 지대에 위치해 있어 멀리서 볼 때는 더 커 보인다.

　사막에 오면 또 해보고 싶었던 것 중 하나는 낙타를 타는 거였다. 그런데 막상 타려니 냄새도 너무 심하고 더럽고 메르스도 걱정돼서 머뭇거리고 있는데 먼저 탄 아들이 낙타의 요동치는 몸짓에 무서웠다고

낙타타기

PART 2. 신화가 숨 쉬는 이집트

고개를 설레설레 흔든다. 께름칙했는데 나는 바로 포기하고 낙타 줄을 잡고 삼총사 피라미드를 배경으로 포즈를 취하는 걸로 대신한다.

기념품점에서는 크리스털로 만든 삼총사 피라미드를 한 세트로 팔고 있는데 "두 개만 복을 받으세요. 한 개는 내가 받을게요." 하면서 흥정한다. 장사 수완이 좋다.

왼쪽에 태양선이 있는 박물관이 있다. 배 한 척의 크기가 약 35m에서 42m가 되고 레바논에서 수입했던 백향목이라 불리는 삼나무로 만들었다는데 3,000년이 지나도 썩지 않는단다. 몇 년 전에 방문한 튀르키예의 콘야 지방을 지날 때, 눈 속에 파묻힌 나무의 왕, 백향목을 보고 솔로몬 성전을 생각했고, 이집트의 쿠푸 왕의 피라미드도 생각하며 기록했던 기억이 난다.

파라오 무덤에서 없어졌던 태양선 한 척을 일본 정부가 무상으로 복원해 주었다고 한다. 참 영리한 일본이다. 세상에는 공짜가 없는데 일본이 이집트에 여러 면에서 투자를 많이 하고 있다.

많은 이야깃거리가 있는 기자의 스핑크스

스핑크스! 그리스와 이집트의 스핑크스는 사자의 몸에 사람의 머리를 가진 상상의 동물이라는 점은 같지만, 신화적 성격에는 뚜렷한 차이가 있다. 그리스의 스핑크스는 독수리 날개가 달린 교활한 괴물이고, 이집트의 스핑크스는 날개가 없이 신전이나 왕릉을 지키는 수호자다.

스핑크스 하면 가장 먼저 떠오르는 건 그리스 신화의 오이디푸스 신화다. 오이디푸스의 처절한 양심에 나는 가슴 아파했었다. 코린트 왕의 양자로 자란 오이디푸스는 아버지를 죽이고 어머니와 결혼할 운명을 갖고 태어났다는 신탁을 듣자 집을 나와서 방황하다 테베 사람들을 괴롭히는 스핑크스가 있다는 걸 알게 되었다. 스핑크스는 사람들이 지나가면 수수께끼를 내고 풀지 못하면 바로 죽였다.

용맹한 오이디푸스가 스핑크스의 질문에 답하여 길을 통과하게 된다. 질문은 '처음에는 네 발, 중간에는 두 발, 마지막은 세 발은 무엇일까'에 대해 오이디푸스는 '사람'이라고 답하고 테베로 쳐들어가 못된 왕을 죽이고, 왕비와 결혼하고 테베의 왕이 되는데, 나중에 신탁에서 말한 친아버지가 테베의 왕이고 친어머니가 테베의 왕비임을 알자, 자신의 무지함을 탓하며 자기의 두 눈을 뽑아 버리게 된다는 오이디푸스 신화였다.

그리스 사람들을 두려움에 떨게 했던 그리스 스핑크스와는 정반대로 신성함과 지혜의 상징인 이집트의 스핑크스를 드디어 보러 간다. 가장 규모가 크고 유명한 스핑크스는 기자의 피라미드 바로 옆에 있는 스핑크스다. 일반적으로 스핑크스는 기원전 2500년경에 재위했던 카프레 왕이 건설한 것으로 알려졌지만, 확실한 근거는 없다 한다. 스핑크스의 초상도 카프레 왕의 얼굴로 보고 있다.

이 스핑크스는 전체 길이 60미터 높이 20미터의 석회암으로 되어 있으며 피라미드처럼 돌을 쌓아 만든 게 아니고 바위산을 통째로 조각한 것이다. 현재 스핑크스의 코는 깨져 있는데 여기뿐만 아니라 다른 곳에 있는 스핑크스의 코는 대부분 깨져 있는데 이유는 이슬람교의 우상 숭배 금지 때문이라는 설이 지배적이다.

스핑크스 다리 사이에 비문이 있는데 여기에 스핑크스의 권위를 빌린 왕의 일화가 기록되어 있다고 한다. 재미있다. 아멘호테프 3세의 부(父)이고, 아케나톤의 조부(祖父)인 투트모세 4세(기원전 14세기)는 아멘호테프 2세의 배다른 동생이다. 잘 생기고 남자다운 그는 형제들의 시기와 질투에 시달렸다. 어느 날 목과 얼굴만 솟아있는 스핑크스에게 답답한 자신의 마음을 털어놓으며 잠이 들었는데 "이 모래를 제거하면 너를 왕으로 삼겠다."라며 스핑크스가 눈을 반짝이며 말했다. 즉시 투트모세 4세는 모래를 모두 걷어내고 왕위에 올랐다는 내용이다.

새벽에 들어가면 태양 빛을 정면으로 받는 스핑크스를 볼 수 있다는데 태양이 내리쬐는 한낮이라 아쉽다. 순간 나는 강렬한 태양 빛에 스핑크스의 다리 아래에서 모래흙을 파고 있는 산티아고를 보았다. 희망사항이 망상으로 나타나는 순간이다.

스핑크스

《연금술사》에서 스페인의 양치기 소년인 산티아고는 낡은 교회의 무화과나무 아래서 두 번 연속해서 같은 꿈을 꾼다. 우연히 만난 노인(살렘 왕)은 산티아고가 피라미드에 가는 것은 정해진 운명이라 말하고, 피라미드 가는 길에 동행이 되어 준 연금술사는 "진정한 연금술사란 단지 금만을 구하지 않고 자아의 신화를 몸소 살아내는 사람이다. 모든 것은 만물의 정기로 통하니 만물이 서로 도와야 해"라고 말해준다. 산티아고가 자아의 신화를 찾아가는 길은 고행의 연속이었지만, 산티아고가 피라미드 아래에서 모래를 파고 있을 때, 도둑의 우두머리는 자신도 스페인의 교회 무화과나무 아래에서 보물을 찾는 꿈을 꾸었다며 어느 바보가 그 꿈을 찾아 먼 길을 오지는 않는다고 말한다. 이 말에 산티아고는 바로 스페인으로 돌아가 보물을 손에 쥐게 된다. 산티아고는 자아의 신화를 몸소 살며 영혼의 연금술사가 된 것이다.

자아의 신화를 이루는 것은 의무다. 그 의무는 누구에게나 주어져 있으니까 결과만 바라지 말고 과정에 최선을 다하라. 그리고 자아의 신화는 가까운 곳에 있다는 것을 말해주고 있는 아름다운 글이었다.

갑자기 이집트 현지 여자가 등장하여 사진을 찍어준다고 호의를 베푼다. 멋있는 포즈로 피라미드 꼭짓점을 손으로 잡아보기도 하고 점프를 하기도 하고, 스핑크스 턱에 어퍼컷을 넣기도 하고 선글라스를 끼워보기도 하고 우리는 번갈아 가면서 멋있는 폼을 잡는다. 걸렸다. 호의가 아니었다. 수고비를 너무 많이 요구한다. 10불 주는 것으로 흥정을 마쳤다.

스핑크스를 나서며 네페르티티 조각상을 하나 기념으로 산다. 이집트 3대 미녀의 한 명인 그녀의 흉상이 이집트에서 발견되었을 때, 왼쪽 눈의 눈동자가 없는 형태였다고 한다. 발굴 도중에 훼손되었거나 미완성이었을 것이다. 기념품 가게에서 사는 목조품도 왼쪽 눈의 눈동자가 흐릿하다.

스핑크스와 한 컷

아쉬운 알렉산드리아

 오후 일정이 없는 관계로 오후 시간을 그냥 보내야 한다. 그래도 좋다. 나일강을 끼고 있는 카이로 시내의 중심가에 야경이 아름답게 빛나고 있고 우뚝 솟은 카이로 타워도 보기 좋게 빛난다. 화창한 날에는 피라미드 군단까지 볼 수 있단다. 람세스 힐튼호텔이 이집트 여행의 행복을 누리는 마지막 밤이다.

 꼭 가보고 싶은 곳을 못 갔다. 여간 서운한 게 아니다. 이집트를 떠남은 왜 이리 아쉬울까? 알렉산드리아를 꼭 가보고 싶었는데…. 어린 나이에 세상을 지배한 알렉산드로스를 그다지 좋아하지 않지만, 그의 독서력만은 늘 존경했었다. 젊은 시절에 플루타르코스가 쓴 《영웅전》을 재미있게 읽었다. 고르디우스의 매듭으로 유명한 알렉산드로스! 알렉산드로스가 점령하려는 고르디움이라는 곳(현재 튀르키예의 지방도시)에 복잡하게 얽힌 매듭이 있었고, '이 매듭을 푸는 자가 세상을 지배한다'라고 쓰여 있었는데 알렉산드로스는 단칼로 베어버렸다.

 알렉산드로스가 이집트를 점령했을 때는 이집트인 800만 명이 나와서 알렉산드로스를 해방군으로 환영하면서 파라오 등극시켜 주었고, 알렉산드로스는 암몬 신전에서 신탁도 받고 자신을 신의 아들이라고 확신했다.

그리고 알렉산드로스는 자신이 점령한 곳은 알렉산드리아라고 지역 명칭을 지어주었는데 모두 없어지고 이집트에만 지역명이 그대로 남아 있다. 알렉산드로스를 기념하기 위해 기원전 3세기에 지어진 알렉산드리아 도서관은 과학, 철학, 수학, 천문학, 의학에 대한 당시 최고 학자들의 산실이었는데 7세기에 완전히 소실되었다. 고대 헬레니즘 문명의 정수를 되돌리기에는 역부족이지만 2002년에 유네스코 지원으로 현대적 도서관으로 재건되었다 한다.

알렉산드리아 대도서관에 가지 못하는 게 아쉬운데 내 아쉬움 정도는 《코스모스》를 쓴 칼 세이건에 비할 바가 아니다.

이 우주의 세계를 칼 세이건은 《코스모스》에서 '알렉산드리아 도서관의 대출증이라도 보고 싶은데 볼 수 있는 게 아무것도 없어 미칠 것 같다'고 했다. 칼 세이건은 《코스모스》에서 알렉산드리아 도서관에는 점성술에 대한 책도 많았을 것 같고, 학자들의 많은 노력과 관찰로 별자리의 이동을 보고, 다음에 비가 올지 눈이 올지를 추측하는 것은 과학의 논리인데 그 시대에는 점성술로 보았다고 말했다.

또한, 칼 세이건은 두 과학자의 공로를 치하한다. 즉, 천동설을 주장했던 프톨레마이오스는 별자리에 이름을 만들어주고 점성술을 완성했다는 것, 케플러에 대해서는 '인류사의 마지막 과학적 점성술사이면서 우리가 만난 최초의 천체물리학자'였다고 한다.

그리고 알렉산드리아에 가면 덤으로 클레오파트라, 카이사르, 안토니

우스도 만날 것 같았는데… 사실 클레오파트라의 사랑에는 별 관심이 없다. 다만, 옥타비아누스에 의해 살해당한 어린 카이사리온이 가여울 뿐이다. 《로마인 이야기》에서 이 부분 또한 얼마나 흥미진진했던가.

한때, 폼페이우스의 연인이었던 클레오파트라를 본 카이사르는 두 눈이 멀었을 것이다. 50살이 넘은 카이사르 눈에 20살도 안 된 클레오파트라가 얼마나 예뻐 보였겠는가? 그렇지 않아도 클레오파트라는 이집트 3대 미녀인데. 카이사르는 프톨레마이오스 13세를 제거하고 그녀를 이집트의 여왕으로 세웠다. 그리고 그들 사이에 카이사리온이라는 아들까지 낳았었다.

그런데 은공도 모르는 나쁜 이가 있었다. 카이사르는 공화정이던 로마를 키워 로마제국을 만들고 제국의 초대 황제로 19살밖에 되지 않은 누나의 손주 옥타비아누스를 세웠었다. 옥타비아누스는 은공을 저버리고 카이사르의 아들까지 죽인다. 그 어린애를 그렇게 죽였어야 했나…. 세상은 참으로 얄궂다.

그리고 삼각지 주변의 멤피스나 피람세스를 생각하니 또 흥미로운 것이 떠오른다. 소설《람세스》에서 트로이 전쟁을 마치고 그리스로 돌아가는 스파르타 왕 메넬라오스와 그의 부인 헬레나도 이집트에서 한참을 머물다 간다고 설정한 것이다. 트로이 전쟁에 대한 천병희 번역의《오뒷세이아》를 보면 저자 호메로스는 꾀가 많은 오디세우스가 목마를 활용하여 전쟁을 승리로 이끌고 고향 이타카로 돌아가는 길에 이집트에 머무른다고 이야기를 전개했다. 그러니 메넬라오스나 헬레나가 이집트를 방문하는 것은 이해할 수 있다.

그런데 크리스티앙 자크는 저자 호메로스가 람세스의 왕궁에서 시를 지으며 유유자적하며 람세스 2세와 많은 대화를 나누게 설정한 것이다. 호메로스는 기원전 8세기의 인물이라는 게 학계의 정설인데 크리스티앙 자크가 너무 나간 것 같아 참 재미있다.

히에로글리프로 써본 내 이름

떠나야 할 아침이 밝아온다. 7시 30분에 직장 근무가 시작된다니 우리나라보다 훨씬 부지런하다. 2,400여 년 동안 속국으로 살아온 이 땅에서 빨리 그 옛날의 영광이 찾아오길 기원한다. 쇼핑센터 가는 길 우측으로 대형 박물관이 있다. 100% 일본 정부의 기술력으로 지었는데 전 세계 유물을 관리해 주는 일본의 머리 굴림에 배가 아플 지경이다.

여행을 마치고 가는 지금! '이집트는 생명과 불멸에 대한 사랑이 살아있는 자들의 가슴을 넉넉하고 기쁘게 만드는 나라'라고 《람세스》 서문에서 밝힌 크리스티앙 자크의 말이 또다시 떠오른다.

나는 단순히 우리와는 다른, 희한한 나라의 과거를 본 것만은 아니었다. 파라오는 인간 세상에서 신의 권위를 지키며 인간의 모습으로 살다가 사후에는 자신의 자리인 신으로 돌아가 지금까지도 사람들의 삶에 도움을 주고 있는지도 모르겠다. 이집트는 과거를 통해 현재를 살아가고 있고, 앞으로도 과거를 통해 미래도 살아갈 것이다.

다시 올 때는 현지 이집트인을 친구로 삼을 것이다. 그래서 그와 함께 여명이 어둠을 몰아낼 때까지 스핑크스 아래서 《연금술사》의 산티아고를 기다려 보기도 하고, 가문 날의 깐깐한 햇살을 맞서며 왕가의 계곡도 걸어보고, 때로는 나일강가에서 파피루스 잎에다 히에로글리프로 쓴 내 이름을 띄워 보낼 것이다.

 셀 수 없이 많은 고대 유물을 가진 나라! 4,500년 전에 이미 상형문자인 히에로글리프로 역사의 기록을 남긴 나라! 람세스 2세와 이븐 할둔의 보유국인 나라!!

 켜켜이 쌓인 이집트의 역사를 큰 호흡으로 들이키며 숨 막히는 감동의 시간을 갖게 해준 고대 이집트인들에 무한한 감사를 전한다. 이집트의 과거와 이집트의 미래가 한자리에 모인 이곳의 이름은 '희망'이다. 아싸비아!

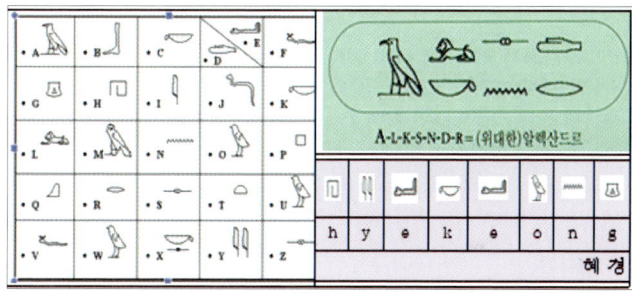

히에로글리프로 써본 내 이름

책과 함께 떠나는 세계여행 DUBAI·EGYPT

초판 1쇄 인쇄	2025년 11월 26일
초판 1쇄 발행	2025년 12월 05일
지은이	최혜경
펴낸이	김양수
책임편집	이정은
교정교열	연유나
펴낸곳	휴앤스토리
	출판등록 제2016-000014
	주소 경기도 고양시 일산서구 중앙로 1456 서현프라자 604호
	전화 031) 906-5006
	팩스 031) 906-5079
	홈페이지 www.booksam.kr
	이메일 okbook1234@naver.com
	블로그 blog.naver.com/okbook1234
	페이스북 facebook.com/booksam.kr
	인스타그램 @okbook_
ISBN	979-11-93857-31-1 (03930)

* 이 책은 저작권법에 의해 보호를 받는 저작물이므로 무단전재와 무단복제를 금지하며, 이 책 내용의 전부 또는 일부를 이용하려면 반드시 저작권자와 휴앤스토리의 서면동의를 받아야 합니다.
* 책값은 뒤표지에 있습니다.
* 파손된 책은 구입처에서 교환해 드립니다.
* 이 도서의 판매 수익금 일부를 한국심장재단에 기부합니다.

휴앤스토리, 맑은샘 브랜드와 함께하는 출판사입니다.